◆学校特色发展与教育品牌建设丛书

◆丛书主编 郏庭瑾 魏志春

学校文化变革的实践研究

——以上海大学市北附属中学为例

○ 陈芬 著

人民出版社

《学校特色发展与教育品牌建设》丛书

总　序

《国家中长期教育改革和发展规划纲要（2010—2020 年）》在工作方针中提出，"把提高质量作为教育改革发展的核心任务。树立科学的质量观，把促进人的全面发展、适应社会需要作为衡量教育质量的根本标准。树立以提高质量为核心的教育发展观，注重教育内涵发展，鼓励学校办出特色、办出水平，出名师，育英才。"在发展任务部分，《规划纲要》进一步提出，"促进办学体制多样化，扩大优质资源。推进培养模式多样化，满足不同潜质学生的发展需要。探索发现和培养创新人才的途径。鼓励普通高中办出特色。"事实上，早在 1993 年中共中央国务院发布的《中国教育改革和发展纲要》中已经明确要求，"必须从我国国情出发，根据统一性和多样性相结合的原则，实行多种形式办学，培养多种规格人才，走出符合我国和各地区实际的发展教育的路子。"然而，由于国家长期对基础教育统得过死，教育行政部门对学校管得过多，学校几无自主发展的空间，致使我国中小学教育长期缺乏生机与活力，学校的办学思想和培养目标整齐划一，教育内容和教学方法高度统一、刻板僵化。学校特色与个性也就无从谈起，最终导致学生"全面发展与个性发展统一"的目标流于空谈。

面对多年来我国中小学校千校一面、特色欠缺的办学状况，为了能够将以培养创新精神和实践能力为核心的素质教育逐步落实，关注学校特色发展、指向教育品牌建设等的研究和实践显得尤为重要。如果说学校特色是指学校与众不同的个性与风格，教育品牌则是经过沉淀与积累，被社会广泛认可了的学校个性与风格。或者说,教育品牌是经过长期琢磨和检验之后,所形成的相对稳定和成熟的学校特色。但无论学校特色发展还是教育品牌建设,无疑都是解放思想、释放活力,克服长久以来教育中的痼疾和弊端,促进学生个性健康发展和教育内涵水平提升的重要路径,也是当前我国基础教育改革与发展最为深远的任务之一。

近年来,关于学校特色发展和教育品牌建设的研究和实践并不鲜见,某个时段也曾如火如荼,几成热点。但学者的宏观理论、严谨著述多,深入学校一线、基于办学实践的探索和提炼少;从其他学科、其他国家的借鉴引用多,关注教育自身、本土化经验总结的少。细看各地各校那些令人眼花缭乱的所谓"特色"和"品牌",科技类项目、艺术类活动等方面的学校特色繁芜,体现人文内涵、科学精神等价值的教育品牌稀少。甚至有不少学校花大力气打造并宣传的所谓办学特色,不仅特色本应具有的个性、独特性和创造性付之阙如,反而完全陷入特色泛化、平庸化、趋同化的误区之中,正所谓特色不特、品牌不精。

这套丛书由华东师大教育管理学系策划并组织。华东师大教育管理学系所依托的"教育经济与管理学科",始终注重理论指导实践,秉持理论基于实践的研究风格。近年来我们不仅为来自全国各地的中小学校长及各种教育行政领导、干部提供理论培训和研修,成为中小学教育行政领导和管理者的成长基地和摇篮,而且在各地培育了一批研究基地或实验基地学校,深入学校教育教学的实践,帮助学校总结经验、提升理念、创建特色、建设品牌,最终帮助学校实现教师专业成长和发展,促进学生全面发展与个性发展的统一,不断提高办学影响和效益。为了及时总结经验、发现规律,我们选取几个办学成效卓著、学校特色发展意识明显、品牌建设基础丰富的中小学校及地区或区域,剖析个案、提炼内涵,以期为更多地区、区域及中小学校致力于特色发展与品牌建设的实践发展提供范本、借鉴与启示。丛书中的每一本著作基于一所学校或者一个地区、区域教育发展的案例研究,力图真实、鲜活、生动;每一本著作基于华东师范大学教育管理学系在中小学校、区域教育等实践基地开展相关合作研究项目的成果,由学者与校长(局长)共同参与、合作完成,旨在从案例中提炼思想,从经验中发现规律。

　　期待着我们的研究能够为学校实现特色发展和品牌建设略尽绵薄之力,期待着我们在研究和实践中与中国的教育和学校一起成长。

　　　　　　　　　　　　　　　　　　主编:郅庭瑾、魏志春

　　　　　　　　　　　　　　　　　　2012 年 6 月 16 日

目　录

第一章

学校文化变革研究的理论依据

一、研究的缘起

在本人多年的教育管理实践工作中,深深懂得学校文化对中小学的健康发展极具意义,尤其是随着基础教育课程改革的大力推进和素质教育的深入实施,带来了许多新的教育理念和管理理念,进而对中小学校教育管理提出了新的更高要求,中小学教育管理已从传统的经验管理走向现代的制度管理,并向更高境界的文化管理迈进。本书讨论的就是如何在现有条件下,对原有学校文化进行梳理和反思,重构学校的核心价值观——办学理念,并通过"人事合一"改革,对组织文化、教师文化、学生文化、环境文化等学校文化实践进行变革。

(一) 工作学习中遇到的问题

作为校长,笔者多年来一直试图想要通过自己的努力使自己所工作的学校能够具有现代先进理念的学校文化。但是在实际工作中,我遇到了各种各样的问题,于是开始踏上了寻求解决问题的道路,在这个"路漫漫其修远兮,吾将上下而求索"的过程中,有幸获得了先进理论的支撑和著名专家学者的帮助,从中发现:

1.学校文化的研究在 21 世纪已经有了新的转向:1932 年,美国学者第一次提出学校文化的概念以来,全世界对学校文化的研究层出不穷。我国于 20 世纪 80 年代开始,提出校园文化建设,多体现在硬件建设上认为学校文化是学校的各种规范、行为和风尚。直到 2001 年,新的课程改革实施,学校文化的作用越来越凸显,各级教育管理人员面对学校文化管理中出现的各种问题,开始对学校文化的全面研究。

2. 学者们对学校文化在学校管理中的作用越来越重视,自 2001 年至今,硕博士论文中大概有 2700 多篇关于学校文化的研究论文,中小学实践工作者也发表了很多关于学校文化的文章,且研究内容非常广泛:从学校文化的概念界定、学校文化建设的路径、学校文化在学校管理中的作用、学校文化的品牌效应、学校文化的传承等等。但是,其中具有广泛影响力的多为理论专家学者关于学校文化的应然研究,而对于学校文化的实践研究显得太少,特别是对于一些学校文化构建走在前列的个案介绍和研究并不多见。但是,作为一线学校教育实践者的校长对学校文化进行的研究较少,而能够把自身作为研究者创作学校文化的行动方案并将其落实到行为层面的更是少之又少。

3. 以反思的眼光来审视最近十年国内外有关学校文化相关研究成果时,本人在对以上国内外学校文化研究成果进行仔细分析后发现:在学校文化研究中,大多数学者仅仅重视精神或心理层面的比较零碎的研究,亦或将组织文化、教师文化、学生文化进行简单的相加或分割成并列的几个部分进行研究,很少有一线教育实践工作者从学校组织的角度出发,在研究中对学校文化的形成和发展脉络进行系统的研究。教育作为一个文化"化"人的过程,如果离开了学校文化的支持,那么学校的健康有序发展几乎是不可能的。当前,学校文化的建设正成为学校发展和变革中一个非常重要的方面。如何正确认识和把握学校文化存在的现实问题,已经成为学校整体性变革的前提性工作。

(二) 良好的研究契机

笔者于 2008 年调入上海大学市北附属中学(以下简称上海市 UN 中学),这是一所合并转制学校,进学校之初,无论是校园环境,干群关系,师生风貌都存在着很多问题,这些对 UN 中学进行学校文化建设方面的研究提供了很多契机。我们知道,每所学校都有不同于其他学校的历史。而长时期历史的积淀会衍生出不同的学校文化,身处其中的教师、学生和管理者的思考和行为方式都会受到它的影响。要想学校获得可持续发展就必须认真研究学校文化并以健康的组织和有效的措施培育和发展具有先进教育理念的学校文化。笔者结合自己的工作实际,在专家指导下,采用行动研究的方法,对变革"优秀"学校文化的过程进行真实记录,一方面对自己的学校文化有所梳理,另一方面可以给予在变革之路或踏上变革之路的他人学校以启示,同时提供具有参考价值的学校文化建设的系统策略。

(三) 在激烈的竞争环境下为学校寻找新的出发点

UN 中学是闸北区的普通高中,招收的学生是闸北后 30%的学生,经过师生的努力,升学率一直还不错。但是,随着全球高等教育大众化发展时代的到来,我国高等院校的招生人数也随之增多,不能只靠升学率作为学校的增长点,全人发展越来越成为学校发展的主流思想。尤其与国际接轨的大都市上海,几乎所有学生都能升入高等院校接受高等教育,终身学习的理念和现实需要已逐渐深入人心。然而,处于中学阶段的学生是正确的人生观、价值观及远大的理想信念形成的关键时期,这些会在很大程度上潜移默化地受学校文化的影响。如何在满足学生升学的需求上,发展学生综合素质,优秀的学校文化就显得很重要。在我国,学校文化首先是作为一个实践性的命题出现的。无论是中学,还是大学,很多学校管理者都意识到借助学校文化的力量来引领学校的可持续发展具有重大意义。例如,东北师范大学附属中学的"学校文化管理",上海七宝中学的"全面发展,人文见长"的学校教育,北大附中深圳南山分校的"现代基础学校文化建设研究",北京十一学校的"现代学校文化建设",广州南武中学"用优秀的学校文化引领学校发展",上海同济大学二附中的学校文化再造等等。这些行之有效的实践策略为 UN 中学变革"优秀"学校文化也提供了一定的实践支持。

我希望每一个从 UN 中学毕业的学生,在正确人生观、价值观的形成关键期的高中阶段,不仅在学业上能够学有所成,还能够受到 UN 中学优秀学校文化的熏陶,从而发展成为一个对社会有贡献的身心健全的个体。从学校长远发展来看,优秀学校文化对学生的长远影响是学校最好的宣传口碑,在激烈的竞争环境下为学校找到新的出发点。

在本书中,我选择了变革"优秀"学校文化作为研究的切入点,原因有以下两个方面。一方面,任何学校文化都有其积极因素和消极因素,优秀的学校文化应该是发展的,是随着时代的进步不断调整的。学校原有文化中的积极因素是需要通过挖掘、梳理不断强化、固定,直到这种要素在学校文化中能不断延续、传承、发扬光大。同时,在"优秀"的旗帜下,去探究完整的、真正的优秀行为,去弥补以往的不足,并固定下来,成为一种集体行动模式、一种制度、一种学校文化。另一方面,新的学校文化要素是可以通过在校内培养植根于学校文化的。文化不是移植的,而是结合自己的学校实际,从内部培养然后再植根于学校文化中的,是组织内一群人的共同需求的引领,是价值的相互认可,尽管在很多时候是需要引领的,但是文化一定是内在的,而不是简单地从外部照抄、照搬过来的。在教育变革的挑战之下,学校文化的发展是一个动态发展过程。因此,本书具有很强的现实性和实践性,对于学校文化的建设具有重要的理论与实践价值。

二、主要目标、内容与核心概念的界定

本书的对象是笔者所在的 UN 中学。UN 中学隶属于上海市闸北区,当时是一所由三所学校合并的转制学校。本人进入这所学校时,三校合并已经 7 年,在老校长的带领下,进行了文化的整合,提出了"三格教育",即培养学生"高尚的国格,健全的人格,强健的体格"。"三格"育人目标具有一定的科学性和合理性,从国家荣誉感、学生的人格塑造和学生的身体健康发展提出了指导意见,对学生有很强的引导作用。但是,由于学校的文化特征不鲜明,尤其是在实际的执行过程中,消极文化的影响严重影响着师生关系,干群关系,影响着学校的进一步发展和提升。本书通过真实记录和深刻反思变革"优秀"

学校文化的过程,梳理学校文化的发展脉络,并在作者本人细致入微的体察中整理出具有参考价值的经验教训,希望对学校管理者们有一定的借鉴价值。

(一)研究的目标

1.真实记录变革"优秀"学校文化的过程。在学校文化的梳理过程中,既可以看到学校文化的大致发展脉络,同时,在学校文化研究中所采取的一些优秀的作法加以记录,对一些效果不好的做法也能得到及时核对和改正。

2.作为研究者本人,体会校长在"优秀"学校文化变革过程中所起的作用。

3.探讨中学"优秀"学校文化变革的路径,为中学管理者们提供借鉴。

(二)研究内容

本书的主要研究内容是"优秀"学校文化的变革。在研究过程中,笔者发现了解到学校文化的形成是历史积淀的结果,每一个学校的文化在历史形成过程中都有其原因,但随着时代的进步,曾经起过积极作用的学校文化也需要变革,需要与时俱进,但是,文化的变革不是推倒重来,而是在原有学校文化的基础上进行仔细的梳理,保留并固定原有文化的积极方面,从原有传统文化、组织文化、教师文化、学生文化、环境文化等方面用心培植学校文化新的生长点。在变革"优秀"学校文化的过程中,要尊重人性,重视文化建设,并立体建构现代学校文化。学校一线管理者只有对自己所在学校文化的历史与现实有了正确而深刻的认识,才能够使学校获得较好的发展,并对教育管理机构和兄弟学校提供好的榜样。

(三)核心概念的界定

1.学校文化

国内外学者对学校文化有许多研究,我国学者俞国良认为:"学校文化是学校所特有的文化现象,是以师生价值观(学生为主体、教师为主导)为核心以及承载这些价值观的活动形式和物质形态。包括学校的教育目标、校园环境、校园思潮、校风学风以及学校教育为特点的文化生活、教育设施、学生社团组织、学校传统习惯和学校的制度规范、人财物管理等内容。但学校文化的主要内容是指学校在长期的办学过程中所形成的共同的价值观念。"①我认为：学校是基于教育的共同目标、共同理想、共同追求而成立的教育组织。因此，本文中所指的学校文化是一所学校共有的核心价值，是教师、学生和校长共有的思想观念和行为方式。同时，学校文化和学校本身的传统与历史也有密切的关系，即学校应该是学校全体成员所共同具有的和共享的信念，其形成又是与特定的学校历史传统相联系的。

从学校文化本身的性质看，有积极和消极的差别。从积极的角度看，每一个文化特征在当时的条件下都有助于提高组织的效率，增强员工行为的一致性，减少行为的模糊性。但是，由于文化具有一定的滞后性，在文化形成时期对组织发展有促进作用的因素，可能到了文化具有稳定模式之后便成为一种阻碍发展的因素。也就是说，当组织的共同价值观与进一步提高组织效率的要求不相适应的时候，组织文化就成了束缚的因素，尤其是当组织环境处于急剧变动的时期，那些根深蒂固的组织文化可能就不合时宜了。它很有可能束缚组织的手脚，使组织难以应付变幻莫测的环境。基于学校文化的这一特点，在梳理原学校文化的过程中，从消极与积极两个维度来分析我眼中的学校文化。

文化是一种结构性的存在。在文化研究中，只有把文化视为一种结构，才能深刻地了解文化的本质和发展规律。② 关于学校文化的结构与分类，学者们有不同的观点。从学校文化自身的构成角度入手，关于学校文化的分类有两种观点："三层次论"和"四层次论"。我国学者王邦虎、俞国良等人按照学校文化的表现结构，将学校文化分为浅层层面的校园物质文化、中层层面的校园制度文化和深层层面的校园精神文化。③ 也有学者在此基础提出了"四层

---

① 余国良：《学校文化新论》，湖南教育出版 1999 年版。
② 刘进田著：《文化哲学导论》，法律出版社 1999 版。
③ 王邦虎主编：《校园文化论》，人民教育出版社 2001 年版，第 65 页。

次说",即学校文化包括物质文化、制度文化、行为文化和精神文化。钟启泉先生将学校文化分为四个方面①:第一,组织(制度)文化。这是作为一种制度的学校组织的基本构成要素,包括学校机构设置、规章制度等,它们集中体现了对必须习得的文化内容、文化价值的要求。第二,教师文化。教师文化一方面体现了制度文化的传递者和学校秩序的维护者的文化,另一方面又体现了作为学生学习的引导者的文化,它主要包括教师特有的价值观念和行为方式,以及教师个体的教育观、教学观、学生观等。第三,学生文化。它是指学生群体所特有的行为方式与价值观,具体表现在学生的学习态度、价值观念、人际关系上。在同辈群体的影响下,学习共同体的行为规范一旦形成,将会影响每一个学生的发展。第四,环境文化。它主要包括物理环境和精神环境两个方面,如软硬件设备、空间设计、校规设计、社区环境、家庭环境和传统习俗等等。伦恩伯格等人曾指出,用组织文化的视角考察学校,发现学校文化主要包括六个组织部分:组织的历史、组织的价值和信仰、与组织相关的神话和故事、组织的文化规范、组织的传统仪式特征、组织中的杰出人物。② 基于以上论述,本文将从历史文化、组织文化、教师文化、学生文化、环境文化四个方面进行阐述。

2. "优秀"学校文化

第一,尊重人性——变革学校文化的重要前提

学校文化管理就是"人化管理"的研究者提出的,它以人为管理中心,以善为人性假设,以开放为组织形式,以追求主动为控制方法,以内化为激励方式,以建构培养为领导目标。它依靠思想的交流,价值观的认同和风气的熏陶,在以尊重人性软管理为主的前提下,兼顾软硬结合。

正是由于文化管理的这些特点,使得学校管理者尊重教师需求,教育工作者关注学生发展,而学生和教师又能在自己原有的基础上有所发展,主动形成

---

① 钟启泉:《现代课程论(新版)》,上海教育出版社 2003 版。
② Lunenburg,F.C.and Ornstein,A.C.,*Educational Administration:Concepts and Practices*,1991:73.

规范并养成习惯。这恰恰也是学习型组织所具有的特点：追求个人和组织的共同发展，通过鼓励每个成员建立个人的发展目标，并在个人目标的基础上建立起组织的发展目标，使组织的发展目标和远景与个人的高度融合①。

第二，注重文化建设——变革"优秀"学校文化的核心思想

学校文化管理核心在文化建设，而文化却是一个大而抽象的概念，因此，不仅需要学校管理者通过具体的管理对象或管理环节对其进行具体化，而且更需要学校管理者在治校思想层面、治校理念层面进行文化熏陶。具体来说，应该包括：组织文化、课程与教学文化、班级文化、校园环境文化等。

正如祝瑞松从领导文化、物质文化、精神文化和制度文化入手提出要"让榜样成为自信，让发展成为主动。让规范成为习惯，让需要成为价值"。韩忠月、王瑞英指出："校园文化主要包括领导文化、教师文化及学生文化。有效实施文化管理要通过领导的服务文化来凝聚力量，通过教师和管理者、服务者的表率作用来实施，通过学生自觉行为来达到目的。"

总之，学校的制度、习惯和风气等内容必须紧密围绕学校文化的核心，共同指向学校整体文化，体现人文精神，人性特点。同时，它们之间也正是通过学校文化而相互联系，共同作用，形成一个共同体的不同方面。

第三，立体建构——变革"优秀"学校文化的载体

学校文化是一个多维、立体的复合体，因此它的建构必须借助有效载体，在多个层面、多个维度上逐步推进。

开发特色课程，实行校本教研。校本课程是在学校特色与学生特点的共同作用下形成的。它不仅让学生掌握知识、让教师探索科研，更重要的是形成本校的学风和教风。在特色课程的开发、实施及评价活动中，学校管理者、教师、学生共同探索、总结，既形成独特的教育教学风格，也成为学校特色文化的载体。

开展校园活动，整合社区资源。除了静态的课程之外，学校文化管理还应

---

① 肖强、马云鹏:《优质学校文化管理的实践与探索——基于D中学的个案研究》,《教育科学研究》2009年第2期。

该重视动态课程，让师生在实践中发展，让师生在活动中成长，不仅实现自我提升，也促进了师生和谐关系的发展、班集体和年级组的建设。另外，文化管理还应注重学校所在社区的特点，在众多潜在的社区文化中寻求突破，通过学校与社区的互动合作，拓展文化特色建设的思路，让学校文化"走出去"，让社区优秀资源"走进来"。不过这一点仍然在探索实践中。

3. 文化变革

变革多指改变、改革。学校文化是在学校发展过程中慢慢积累起来的，一所学校一经诞生，就必然会在管理活动中不断形成自己特有的思想、信念和价值观。文化具有一定的传承性，尽管学校文化需要进行与时俱进的变革，可是如果孤立地强调时髦的口号、空洞的说教，不去挖掘和发现学校的历史和传统，就会导致学校的文化偏差。因此，对学校文化的变革务必要建立在继承优良传统的基础上，它是一个动态的过程，必须计划好三个步骤：一是检查学校本身文化的问题与不足，弄清楚需要补漏补强的部分；二是寻找变革的方向、重点与切入点，确定从哪里开始补漏补强；三是按照优先顺序列方案，将目标具体到每一个过程。

三、研究方法和结构框架

（一）行动研究是本研究的主要研究方法

行动研究法是在自然、真实的教育环境中，按照一定的操作程序，综合运用多种研究方法与技术，以解决教育实际问题为首要目标的研究模式。行动研究适合小范围内教育改革的探索性的研究方法，其目的不在于建立理论、归纳规规律，而是针对教育活动和教育实践中的问题，在行动研究中不断地探索、改进和解决教育实际问题。行动研究将改革行动与研究工作相结合，与教育实践的具体改革行动紧密相连。这种方法非常适合我校当前的情况：

1. 研究者和研究对象的合二为一

笔者是学校的新任校长,正在读教育管理专业硕士学位,并参加了华东师范大学"名校长工作室",正当年富力强,有理想、有抱负,曾做过五年的一把手,对公办学校的要求及改革有自己的一些思路和经验教训。而新就任的学校是一所转制学校,又是一所三校合并的学校,在文化传承上缺乏统一的思想和认识,同时有一些实际问题急需改进和解决。因此,作为研究者的自己和研究对象,也就是自己所在的学校合二为一。

2. 行动研究是过程研究

行动研究强调把一个真实的实践过程展示出来,在实践过程中遇到的问题都可以作为研究对象,而解决问题的过程也是研究的过程。老师在实际工作中遇到各种各样的问题,比如:师生关系问题;在课堂时数减少的情况下的有效教学问题;学习困难学生的成绩提高问题。虽然学校老师教学任务繁重,理论水平有限。但是,他们长期在一线教学,面对问题,积累了很多经验,通过行动研究,可以将这些实践过程很好地展示出来。

3. 行动研究中的一些方法、工具非常适合学校研究

第一,案例。在我们身边,每天发生着很多事情,有关于教师个人成长的、有关于组织关系的,有关于师生问题的,这些都是变革"优秀"学校文化中很好的案例,在这些案例中,仅从个人行为上就能看到学校文化发展的脉络。

第二,小型研讨会。校会、班主任会、教研组长会、班干部会、学校文化建设中师生想法反馈;方案的制定,落实;都是一个小型的研讨会,研讨会是学校文化中观念冲突最多的地方,对原有学校文化的梳理起着很好的推动作用。

第三,采集相关档案。每所学校都有其发展历史,学校的每一个文件的制定都有着当时的文化背景,会议记录,档案是最原始的材料。对学校过往历史的了解,采集档案是必不可少的方法。档案研究是指对现存的档案材料的内容进行调查分析。比如在本书中共纳入了 6 个档案的研究。其中有 1 份学校

管理文件摘要,1 份会议记录等。

第四,问卷调查。为了解教师、学生的期望,对学校中的 93 位教师进行了问卷调查。这些教师包括了学校的各种类型和年龄的教师。

第五,专家咨询。在变革"优秀"学校文化的实践研究中,仅靠经验是不够的,专家引领并给予理论指导,可以使我们在工作中少犯其他学校重复的错误,聘请华东师范大学教育管理专业葛大汇教授为学校发展顾问。

(二) 观察法

观察法是我研究初期使用最多的方法。刚到这所学校,老校长当时还在任,我不想过早表达自己的研究想法及看法,因此主要是通过观察来了解学校文化。

笔者研究中的观察有两类:参与型观察和非参与型观察。观察大多属于非结构性的观察。这种开放的无结构的观察活动,使研究者能够根据当时的具体情境调整自己的观察视角和内容。例如,本人早晨会经常到教学楼转一转,看一看教师上课准备情况。在观察之前,有一个初步的观察提纲:例如,课前五分钟老师到岗情况、班主任早自习主要做些什么、学生上课准备情况等等。但是一些意外情况的观察,例如遇到教师在楼道里批评学生,或有的老师把学生罚出教室,组织对出现的突发状况的处理等等,对这些事情的观察则要根据具体的情况来确定。

参与型观察是观察者和被观察者一起生活、工作,在密切地相忆接触和直接体验中倾听和观看他们的言行。这种观察比较开放、自然和灵活。非参与型观察是要求研究者直接进入被研究者的日常活动,观察者通常置身于被观察的眼界之外,作为旁观者了解事情发展的动态。这种观察比较客观,但会受到"研究效应"的影响。学校里每天都有许许多多的事情发生,而我们选择什么来观察,我们会在意和关注哪些东西,这和自己的理论前设与生活经历是有一定关系的。你能不能观察到眼前的现象取决于你运用什么样的理论,理论决定着你到底能观察到什么?

（三）调查研究

本书采用调查研究的方法，使用追溯性研究方法，呈现 UN 中学随着历史的前进和各类条件的变化所积淀和形成的学校文化。同时，为了使研究更具有普遍的意义，为了使分析与结论更为客观，采取问卷、访谈、档案和案例等方法来进行研究。问卷调查，其目的了解教师的真实愿望、对学校的期待。访谈，本人选择了学校中不同身份角色的对象，有不同年龄阶段、不同层面的教师，访谈力求做到在自然的气氛下，进行深层的交流，获得学校不同个体内心深处最真实的想法，同时做好各类行动的记录。

（四）本书的结构框架

本书共有五章，第一章为绪论，主要是论文的总体介绍。第二章，主要是关于学校文化研究的相关文献综述。

从第三章开始是一个完整的研究过程。第二章通过对学校文化现状的诊断及检讨提出变革"优秀"学校文化的必要性，并经过大量的历史访谈，师情生情分析，对学校文化的积极因素给予肯定，同时提出变革"优秀"学校文化的核心，即"让优秀成为一种习惯"的办学理念。

第四章从历史文化、组织文化，教师文化，学生文化，环境文化四方面详细记述了变革"优秀"学校文化的过程。

第五章通过对前期工作中取得成绩和出现的问题进行反思，对校长在优秀学校文化培植中的作用以及学校如何与教师达成心理契约的过程描述，阐述变革"优秀"学校文化的重要性及改进措施；同时对 UN 中学变革"优秀"学校文化的可持续发展提出展望，不断寻找新的文化改进、增长的动力。

第二章
学校文化变革的研究述评

一、国外学校文化变革的研究进展与启示

在西方社会,对于学校文化的研究最早见于美国学者华勒(W.Waller)于1932年在《教学社会学》一书中提出的"学校文化"一词,他将学校文化定义为"学校中形成的特别的文化",这种文化一方面借各个年龄阶段的儿童将成人文化变成简单形态或借儿童游戏团体保留成人文化;另一方面则由教师设计引导学生活动的文化形成。学校中的各种仪式是学校文化的重要组成部分,这成为了一种权威性的说法,"把文化作为学校和学校管理的一个重要因素也越来越激发了人们的更大兴趣。"①在人类学、文化学、管理学、组织行为学的启发指导之下,诸多研究者对学校文化的概念、构成、功能、类型等方面作了大量的研究。迪尔等人于1991年出版了《校长在形成学校文化中的作用》一书,书中运用公司文化的观点解释了学校组织文化,认为学校文化反映了一所学校在其历史过程中形成的价值观、信仰和传统的一种深层形式。迪尔等

---

① [英]托尼·布什著,强海燕主译:《当代西方教育管理模式》,南京师范大学出版社1998年版,第199页。

人还于 1999 年出版了《形成学校文化:领导的核心》一书,认为学校文化是一种价值观、传统和象征的网络。当学校领导者能够理解、反映并体现学校文化时,他们就能够评估形成学校文化的需要并积极强化学校文化。那些有价值的学校文化就会得到加强,那些受到疑问的学校文化则被更新,那些有害的学校文化则被施以强烈的解毒剂。迪尔等人的学校组织文化观点对于学校组织文化的建设具有重要的启示价值。理查森(Riehardson)认为,学校文化"就是许多个体价值和标准的积聚与融合,是对'什么是最重要的'的一致性意见;是群体的期望,而不只是个体的期望;是每一个人做事的方式。"①大卫·斯图瓦德(David Stewart)、巴茨(Roland S. Barth)在对学校文化的分析当中也不约而同地提出学校文化是在这里我们做事的方式、方法,这种做事的方式方法其实就是在学校这个组织当中人们相互作用的系统,通过共享一种行为模式,学校内的成员才能在交互作用之中得到一种身份的认同,这种共同的做事方式或方法不仅呈现了该组织内成员行为的趋同性,更重要的是这种共同的做事方式背后隐藏了相同的信念、规范、价值观,而这些规范、信念、价值观才是学校文化的基本内涵。② 班克斯(Banks)提出学校是一个拥有自己文化的社会系统。学校文化是由"制度和标准、社会结构、归因陈述、价值和目标"等组成。加里·菲利普斯(GaryPhilliPs)认为学校文化"表征一个学校的信仰、态度和行为"。因此,学校文化被定义为一定历史阶段上,包含着由学校团体所理解和认同的标准、价值、信仰、象征、典礼、仪式、礼节、传统和传说等组成的意义传播形式。这个意义系统通常决定了人们的思想和行为。③ 瓦格勒(Wagner)把学校文化定义为校内外共享的经验(惯例和礼仪)、集体感、归属感和团队意识。④ 从以上学者关于学校文化内涵可以看到那些经常出现在企业文化中的精神形式,包括"价值"、"规范"、"信念"、"仪式"、"氛围"、"传

---

① 谢翌:《关于学校文化的几个基本问题》,《外国教育研究》2005 年第 4 期。
② 李红霞:《国外学者关于文化与学校文化的理解与启示》,《外国教育研究》2007 年第 2 期。
③ Stephen Stotp(US),*Leadership for school culture*[A],East Lansing.MI:National Center for Research on Teacher Learning.1994:91.
④ Wagner. C.,*School culture analysis*[A],Address presented at the annual meeting of the Maniatoba Association of resource Teacher(MART).

统"等等,正是这些精神形式构成了学校文化的基本内涵。① 在学校文化研究初期,主要对学校文化的概念进行了探讨。

20世纪七八十年代关于有效学校的研究中,总是可以发现在这些学校中有着浓厚的适宜学生学习的气氛,主要探讨怎样的学校文化可以促进学校改进和学生全面健康发展。比较具有代表性的是罗蒂和罗森霍尔兹(Lortie, D., and Rosenholtz, S.)等通过实证研究得出:以开放(openness)与合作(cooperation)为规范的学校文化促进了学校改进②;富兰(Fullan, M.G.)在其关于学校改革的研究中也发现了学校文化是学校教学成功与否的关键因素。在对诸多失败的教育改革考察的基础上,他认为这些自上而下进行的教育改革失败的根本原因,就在于在教育改革过程中"没有找准正确的事情——课程和教学的文化核心"。通过实践,富兰及其同事们看到,在教育改革过程中,"最难打开的内核就是学习的内核——教学实践的变革和教学精神的变革。"同时,在对有限的暂时成功的教育改革考察的基础上,他们发现,"在结构的变革和思想的变革之间有一种相互关系,当教师和行政人员开始用新的方式工作时,不料却发现学校的结构不符合新的发展趋势而必须改变,然而这种结构却非常强有力。"此时,所需要做的就是重新认识学校的文化,建立适应教育变革的新的学校文化。同时,在进行学校文化建设过程中,要注意学校组织中的"小集团思想"和"巴尔干文化"的出现。③ 所有这些研究成果更加激励了人们研究学校文化的信心。

国外研究者对学校文化概念的界定以及促进学校改进的学校文化的探索与研究开阔了我国学者和一线的教育领导者的视野,为我国进行学校文化的研究奠定了一定的基础。

---

① 周勇:《建构学校文化的历史叙事途径》,载赵中建主编:《学校文化》,华东师范大学出版社2004年版,第71—72页。
② 转引自[挪威]波·达林著,范国睿主译:《理论与战略:国际视野中的学校发展》,教育科学出版社2002年版,第158页。
③ [加拿大]迈克·富兰著,中央教育科学研究所、加拿大多伦多国际学院译:《变革的力量——透视教育改革》,教育科学出版社2000年版,第56—103页。

二、国内学校文化变化的研究现状与不足

我国关于学校文化的研究不同于国外受组织文化理论运用于学校管理中文化建设的研究路径,我国学校文化研究最早见于校园文化研究,局限于社团活动。随着研究视野的扩展,学者们开始更多地使用"学校文化"这一术语代替"校园文化"。

国内学者们的研究内容侧重学校文化的内涵、性质、功能及创建等方面。在对学校文化的内涵界定上,我国学者有不同见解。朱颜杰认为,学校文化是指一所学校内部所形成的为其成员共同遵循并得到同化的价值观体系、行为准则和共同的作风的总和。[①] 王新如认为,学校文化是学校经过其内在系统(管理、教育、教学、科研、生产、经营、生活)的维持与外在环境变化的互动,共同创造、继承和不断更新的假设、信念、价值观念、规范、道德准则等意识形态的有机统一。[②] 俞国良认为,学校文化是学校所特有的文化现象,是以师生价值观为核心以及承载这些价值观的活动形式和物质形态。包括学校的教育目标、校园环境、校园思潮、校风学风以及学校教育为特点的文化生活、教育设施、学生社团组织、学校传统习惯和学校的制度规范、人财物管理等内容。[③] 郑金洲在对各种界说进行批判性分析之后,提出学校文化是"学校全体成员或部分成员习得且共同具有的思想观念和行为方式"。[④] 与此同时,他还为我们界说学校文化提供了一些基点:一是学校文化不仅包括学校全体成员共同遵循的一些观念和行为,而且也包括部分成员共同遵循的观念和行为;二是学校文化既可能会给学校预定教育目的的达成带来积极意义,也有可能阻碍教育目的的达成,这是由学校文化中蕴含的丰富的多样性和差异性所决定的;三

---

① 朱颜杰著:《学校管理论》,辽宁教育出版社 1988 年版,第 132 页。
② 王新如、郑文:《谈学校组织文化与学校效能》,载《教育科学》1997 年第 3 期。
③ 俞国良、王卫东、刘黎明著:《学校文化新论》,湖南教育出版社 1999 年版,第 31 页。
④ 郑金洲著:《教育文化学》,人民教育出版社 2000 年版,第 240 页。

是学校文化的核心(即使不是全部的话)是学校各群体所具有的思想观念和行为方式,其中最具决定作用的是思想观念特别是价值观念。① 也有学者从组织文化的角度来理解学校文化。范国睿认为,"学校组织文化"与"学校文化"的概念在内涵上是一致的,只不过前者更加强调学校文化在学校组织管理方面的意义。学校组织文化指的是:学校在长期的教育实践和与各种环境要素的互动过程中创造和积淀下来并为其成员认同和共同遵循的信念、价值、假设、态度、期望、故事、轶事等价值观念体系,制度、程序、仪式、准则、纪律、气氛、教与学的行为方式等行为规范体系,以及学校布局、校园环境、校舍建设、设施设备、符号、标志物等物质风貌体系。学校组织文化是各种文化要素的相互整合的产物,是一所学校区别于其他学校的重要特征。② 季苹在《学校文化自我诊断》一书中认为:"学校文化的表象是学校中大多数人在组织中表现出来的做事方式和处世态度,其核心是这些做事方式和处世态度的'内隐规矩'和'内隐概念'。"③

还有学者从校园文化的角度来理解学校文化,认为学校文化的概念有四层含义:第一,学校文化是以校园为地理环境圈,以社会文化为背景;第二,学校文化建设的主体是以全体师生员工组成的校园人;第三,学校文化是在学校长期的教育实践过程中积淀和创造出来的,并为其成员所认同和遵循的价值观体系、行为规范准则和物化环境风貌的一种整合和结晶,表现为学校的"综合个性";第四,学校文化的本质意义在于影响和制约校园人的发展,其最高价值在于促进校园人的发展。④

随着学校变革及新课程改革的推进,越来越多的研究者认识到学校文化的重要性,认识到学校文化的建设是学校变革的根本目标。对于用文化的视角对学校教育进行研究的著作虽然逐一出现,对学校文化的认识还没有形成一定的体系。从已有的研究来看,研究者总结出的有关学校文化变革中存在

---

① 郑金洲著:《教育文化学》,人民教育出版社 2000 年版,第 240 页。
② 范国睿著:《学校管理的理论与实务》,华东师范大学出版社 2003 年版,第 315 页。
③ 季苹主编:《学校文化自我诊断》,教育科学出版社 2004 年版,第 13 页。
④ 赵欢君、陶李刚:《试析学校文化的构成及其形成机制》,载《嘉兴学院学报》2001 年第 1 期。

的问题有以下几个方面:第一,原有的学校文化需要在重新认识学校文化的基础上建立适应处于变革时代的新的学校文化;第二,现有的教育改革缺乏文化反省和文化自觉意识;第三,当前的学校文化变革存在部门结构性障碍和伦理缺失;第四,学校管理需要从经验管理、制度管理走向文化管理。考察国内外学校变革的相关研究,发现学校文化变革已成为现阶段学校变革过程中的热点话题,但是关于学校文化变革的实践研究去不多见。早期对学校文化的研究多是在隐性课程、校风、学风及班级管理等层面上的分析,对其进行专门的研究较少。同时,已有研究偏重于学校文化变革理论的说明,对处于具体变革情境下的学校文化分析较少,忽视了不同学校的文化特色和变革的独特性。部分研究还停留在说理层面上,对于如何更新学校文化、创建引领学校发展的先进文化缺乏实践指导意义。当前引起人们对学校文化思考的主要动因是新课程改革,理论学者们越来越关注对学校文化变革的研究,但是作为教学一线的校长等教育工作者对学校文化建设的认识和研究还少之又少。因此,作为一名具有多年学校校长经历的我来说,对学校文化变革进行实践研究是一件有价值、有意义的事情。

三、"优秀"学校文化管理的理论综述

(一) 人性假设为变革"优秀"学校文化奠定了哲学基础

变革"优秀"学校文化如果从管理学角度理解就是通过学校文化管理提升学校品味。因此学校文化管理也受到现代管理理论的影响。

在企业界,有几种被公认的管理理论模式。每种理论模式背后都有一种人性假设。这些假设影响乃至决定着管理决策和措施的制定及实施。其中,最典型的就是美国管理学家麦格雷戈提出的 X 理论和 Y 理论。它们由于是针对截然相反的人性假设,而经常被人们进行对比。X 理论的人性假设是"经济人",它的核心在于效率,通过设定严格的规章制度和标准化的行为示范来提高收益,但却以减低员工对工作的消极性为代价。Y 理论的人性假设

是"自动人",它的核心在于激励,通过给予机会,提供有意义和挑战性的工作,以及工作后的自我满足和自我实现,以激发员工对工作的积极性,最终达到使组织目标和个人需要统一起来的理想状态。

在需要智力投入的领域,管理者普遍推崇 Y 理论。但 Y 理论也存在局限,因为人是千种千样的,不可能因为你实行了某种 Y 理论措施大家就一致地就有积极主动性了,所以加强监控是必须的。

就管理方式来讲,以加强薪酬工资、加大福利、改善工作环境、授责授权等 Y 理论方式应该是推动人们工作积极主动性产生的主体方式,而作为以 X 理论实施的监控则又是保障 Y 理论公正实施不可缺少的关键。

日本学者威廉·大内在比较了日本企业和美国企业的不同的管理特点之后,在 1981 年出版的《Z 理论》,将日本的企业文化管理加以归纳,提出新的管理理论与方法。Z 理论强调以坦白、开放、沟通为基本原则的"民主管理",主要由信任、敏感和亲密所组成。它既对企业提出管理要求,也对员工有一定的工作建议。信任能够激励员工用真诚的态度对待企业和同事;敏感则需要企业了解员工的不同个性,从而根据员工的特点组成最佳团队;亲密强调个人感情的作用,提倡在员工之间和谐相处,建立亲密关系,为了企业的目标而共同努力。

在 Z 理论中,威廉·大内突出强调了人文感情,我们可以将其看作是对 X 理论和 Y 理论的整合、补充和完善。管理者必须把握制度与人性、管理与自觉的关系,结合自己企业的特点与实际情况,选择和实施最适应企业发展,最符合员工利益的管理手段与方法。

超 Y 理论是 1970 年由美国管理心理学家约翰·莫尔斯和杰伊·洛希提出的管理理论。它主要见于 1970 年《哈佛商业评论》杂志上发表的《超 Y 理论》一文和 1974 年出版的《组织及其他成员:权变法》一书中,它是建立在"复杂人"的人性假定上。虽然人们加入组织都是为了实现胜任感,但他们的需要和动机各不相同,因此,管理者不能一味使用 X 理论或者 Y 理论来管理每一名员工。同时,管理者也必须根据工作性质、工作目标和人员因素等客观环境的改变调整管理方式。

总之,该理论认为,世上没有一成不变、普遍适用的管理方式,必须组织内外环境自变量和管理思想及管理技术等因变量之间的函数关系,灵活采取管理措施,管理方式要适合于工作性质、成员素质等。超 Y 理论在对 X 理论和 Y 理论进行实验分析比较后,提出一种主张权宜应变的经营管理理论,即要求将工作、组织、个人、环境等因素作最佳的配合。超 Y 理论对学校的文化管理是一个有益的启发。首先,学校的文化管理应该是柔性管理与刚性管理相结合,根据不同的管理对象采取不同的方式。其次,学校管理应该根据管理对象的个性差异,采取说服诱导、因材施教的方式,但也不能排除制度和纪律的约束,既要培养管理对象的个性,又要有纪律性。

在探索变革"优秀"学校文化的过程中,由于最初缺乏明确的规章制度,教职员工也人心涣散,各行其是,学校氛围死气沉沉、工作效率低下,针对这些消极因素,笔者采取建纲立制的方法,强调制度对教师的约束,即 X 理论对制度与效率的关注。随着学校上下对学校文化建设尤其是办学理念的深入理解,加上在建纲立制实施过程中遇到的问题,本人认为应该更关注教师的工作积极性,通过给予教师教学、进修、管理方面的机会与挑战,实现他们的自我满足和自我实现,即 Y 理论对人性本善和激励的强调。在相当长的时间内,学校的整体氛围有了进一步的提升,但仍然有部分教职员工出现"钻制度的空子"、消极工作等"混"在年级组或行政组室的情况,而且这一现象随着时间推移和范围扩大,也引来了其他教师的非议,本人深感必须完善管理方式,不能忽视规章制度与惩罚带来的警示作用。因此,本人发现,根据具体工作情景、结合不同人的素质,应该采取灵活多变的管理方式,既要建立规章制度,树立榜样示范,引导学校积极向上发展,也关注到教师个人的自我需求和特殊情况,在两者之间进行权衡与应变,即超 Y 理论倡导的权变法。

[案例 1]2012 年 UN 中学调整后的"结构工资"关于请假制度的规定

根据 UN 中学现状,新"结构工资"的请假制度规定:在不影响教学的情况下,请假半天之内的需告知年级组长,得到批准;请假一天的需告知分管领导,得到批准;请假超过一天的需告知校长,得到批准,并根据请假的实际天数,扣除奖金作为处罚。而为不打击教职工积极性,凸显人性化,落实"权变",该规定不仅对因突发性事件需请几小时的情况没有提及,且对如实上报、确有其事者,依据事件对教职工影响的轻重,学校实行处罚后,以慰问、探望、补贴等形式部分"返还"扣除的奖金。

事实上,本人在变革"优秀"的学校文化过程中,根据学校发展的不同阶段、不同情况而采取的不同管理理念与方法,恰恰反映了管理学学科的历史发展,当然也是学校文化管理所经历的变革。

(二) 学校文化管理研究的历史发展

1. 学校文化管理的提出与理论分析

回顾学校管理发展的历史,不难发现:尽管教育有其固有的属性,但是人们对学校管理的思想主要还是从企业管理思想的每一次蜕变中获得启发并运用于教育领域。因此,它也像企业管理的发展一样,经历着了从最初的经验管理、向标准化制度化为基础的科学管理、再到建立在现代人性基础上的人本管理的轨迹,并且目前正在向以彰显学校文化模式的文化管理转型。

因此,对于早期的有关学校文化管理的相关文献旨在提出新时期下学校文化管理的概念,并对其内涵进行阐述和深化,如蒋文宁的《文化管理:学校管理新理念探析》[①]。有的学者为了突出文化管理,还通过不同学校管理思想的对比,强调文化管理的优越性和前瞻性,如:孙鹤娟的《学校文化管理》[②]、康万栋的《文化管理:学校管理的新走向》[③];当然,也有学者根据中国社会与经济发展的阶段性情况,探讨各学校管理思想的合理性和发展性,如:钟启泉的《知识社会与学校文化的重塑》[④]。

总之,在最初阶段,学者们将主要的研究重点放在了对文化管理的概念解

---

① 蒋文宁:《文化管理:学校管理新理念探析》,《教学与管理(理论版)》2006 年第 11 期。
② 孙鹤娟:《学校文化管理》,教育科学出版社 2004 年版。
③ 康望栋:《文化管理:学校管理的新走向》,《天津教育》2007 年第 8 期。
④ 钟启泉:《知识社会与学校文化的重塑》,《教育发展研究》2002 年第 1 期。

读上,分析了传统管理思想的不足,论述了文化管理的特点、优势、趋向,还从理论的层面率先探讨如何使用文化管理的思想统筹学校中的人、事、物及学校本身的发展。

2. 学校文化管理的概念重构与实践原则

随着越来越多的教育管理者开始摸索并试行文化管理的思想,人们逐渐发现了学校文化管理在实施过程中出现的种种具体问题,而它们导致了教育实践者无法进一步推行文化管理理念。此外,由于受到惯性思维的束缚,在实践过程中,教育管理者不禁地从科学管理和经验管理寻找管理思路,在传统和创新中寻找平衡点。这一阶段,教育实践者们开始困惑和迷茫了:学校文化管理真的那么好吗?

于是,学者们开始思考学校文化管理的实践意义和具体指导思想。这一阶段的文献主要以学校文化管理的概念重构,学校文化管理的有效性原则,学校文化管理的建设路径等为主题进行实践层面的探讨和研究,如刘旭东的《学校文化重建论》[1]、刘岸英的《学校文化优化与重建策略》[2]、王骞的《学校文化及其建设路径分析》[3]、王玉玲的《论学校文化的有效管理》[4]等相关文章。

这一阶段教育实践家们尝试在学校管理中运用学校文化管理的思想,学者们也针对实践过程中出现的种种问题,进行反思、有效性分析和概念重构,并从实践层面对学校文化管理提出了具有指导意义的若干原则。

3. 学校文化管理的物象化

由于学校文化管理实践和研究的进一步开展,教育管理者们将抽象的文化概念具体为学校中的某一具体物,并以此为抓手推进学校文化管理。各个

---

[1] 刘旭东:《学校文化重建论》,《西北师大学报(社会科学版)》2004 年第 5 期。
[2] 刘岸英:《学校文化优化与重建的策略》,《教育探索》2008 年第 12 期。
[3] 王骞:《学校文化及其建设路径分析》,《继续教育研究》2010 年第 7 期。
[4] 王玉玲:《论学校文化的有效管理》,《河南大学学报(社会科学版)》2007 年第 2 期。

学校依据不同的特色和自己的定位,选择的抓手也不一样。比如:有的学校通过校徽或校歌的征集与解读,将文化与理念形象地表现出来;有的学校则以校训、学风、教风的确立与内涵分析为契机,凸显本校的校园文化。

所以,在这阶段的文献中,发表者大多为一线校长或教师。他们在论文中不仅对学校文化管理进行物象化的论述,并且详细介绍自己学校采取的措施和成功的经验,如曹日升的《校训,校园文化的灵魂》①、崔亚兰的《从文化墙看北京汇文中学校园文化建设》②、蔡定勇的《打造绿色校园 探寻生命美景——重庆市巫山县南峰小学"绿色校园文化"特色建设》③等文章。专家学者们则专门针对这些细致具体的教育行为进行高度概括,提出文化需"物象化"的观点,也分析学校文化管理的成功原因,并提出进一步的设想与展望,如黄旭、张文质的《格言、校训和学校文化》④一书。

尽管这一阶段的每一篇文献涉及的点很小,谈论的事情很琐碎,但是正是由于教育实践家们通过长时间地尝试和总结后,以校训、校标、文化墙、艺术节等为载体,将文化管理物象化、载体化,才能让师生更容易理解并接受文化治校的管理思想,在操作层面上也更容易实施和评价。同时,通过教育学者们从现象到本质的剖析,我们也能了解到,学校文化管理从抽象原则到具体的物象是一种进步,而正是因为这一变化,使学校文化管理的思想开始改变了传统的校园面貌,融入了日常校园生活。

4. 学校文化管理的专题化

近几年来,不同学校在将学校文化管理物象化、具体化的过程中,结合教育学、社会学的理论与教育实践的经验,发展出了学校文化管理的专题思想与理论。这些理论以教师、学生、组织、课程为立足点,将学校视为社会,透视出学校文化管理对学校各环节、学校各主体的引领作用。这可以说是"水到渠

---

① 曹日升:《校训,校园文化的灵魂》,《教书育人:校长参考》2008 第 29 期。
② 崔亚兰:《从文化墙看北京汇文中学校园文化建设》,《中国现代教育装备》2009 年第 10 期。
③ 蔡定勇:《打造绿色校园 探寻生命美景——重庆市巫山县南峰小学"绿色校园文化"特色建设》,《教书育人:校长参考》2010 年第 9 期。
④ 黄旭,张文质:《格言,校训和学校文化》,福建教育出版社 2008 年版。

成"般将学校文化管理走出物象化的一大举措和尝试。

另外，如果仔细分析各个学校提出的专题，我们不难发现：每个专题都或多或少地反映了每个学校的不同历史、文化和特点，蕴含了该校实施文化管理的具体理念。如：江苏省南京市第九中学的"博雅尚美"，山东省胶南市第三中学的"打造学校文化名片"，青岛理工大学的"塑感恩文化建和谐校园"，上海市格致中学的"提升格致文化品质"，上海市育才中学的"重温育才教改经验"，山东省胶南市滨海街道中心小学的"用仪式塑造学校文化"等等。

5. 本书对优秀学校文化的解读与学校文化管理的立足点分析

基于以上对学校文化管理的概念界定、历史发展的梳理、成功案例的分析，笔者概括出了优秀学校文化的特征：

（1）尊重人性——学校文化管理的重要前提

学校文化管理就是"人化管理"的研究者提出的，它以人为管理中心，以善为人性假设，以开放为组织形式，以追求主动为控制方法，以内化为激励方式，以建构培养为领导目标。它依靠思想的交流，价值观的认同和风气的熏陶，在以尊重人性软管理为主的前提下，兼顾软硬结合。有研究者指出文化管理所追求的目标具体表现在四个方面[①]：第一，以文化为基础，强调人的能动作用，是以人为本的更多层次的"人本主义"；第二，组织结构呈现扁平化，具有灵活性、柔性、跳跃性和速变形的特点；第三，强调团队精神和情感管理，使人们产生强烈的归属感、自豪感，从而形成一种凝聚体，使人们有"家"的归属感和主人翁的责任感；第四，以文化构建为主要手段。

正是由于文化管理的这些特点，使得学校管理者尊重教师需求，教育工作者关注学生发展，而学生和教师又能在自己原有的基础上有所发展，主动形成规范并养成习惯。这恰恰也是学习型组织所具有的特点：追求个人和组织的共同发展，通过鼓励每个成员建立个人的发展目标，并在个人目标的基础上建

---

① 鲁宏飞等主编：《学校文化建设与管理研究》，华东师范大学出版社 2007 年版，第 116—117 页。

立起组织的发展目标,使组织的发展目标和远景与个人的高度融合。①

另外,萨提亚的冰山理论为变革"优秀"学校文化提供了一个很好的工具。维琴尼亚·萨提亚(Virginia Satir)是美国最具影响力的首席心理治疗大师,她所创建的理论体系"萨提亚成长模式"从家庭、社会等系统,更全面地处理个人问题。其中,最著名就是萨提亚冰山理论。

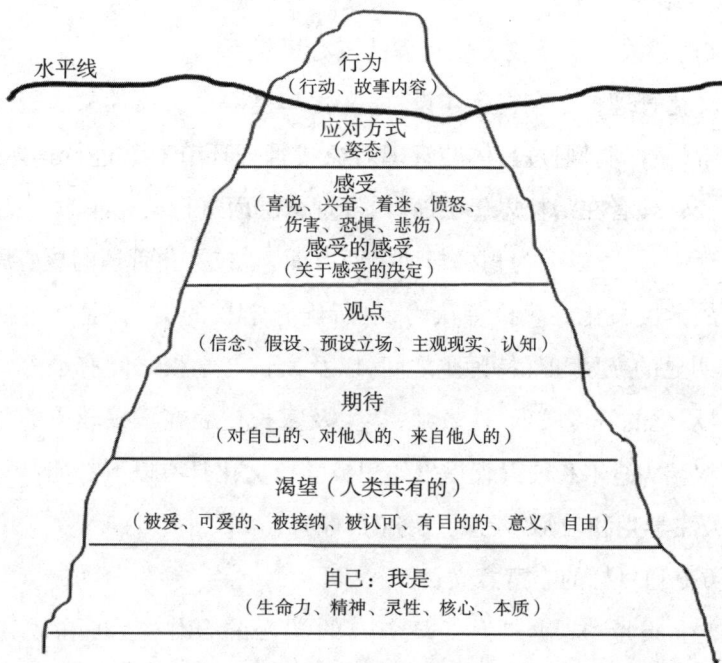

图 1

如图 1 所示,萨提亚用了一个形象比喻:人就像水中的巨大冰山,被外界看到的行为表现或应对方式,只是露在水面的八分之一,另外八分之七藏在水底。而暗涌在水面下的山体,则是长期压抑并被我们忽略的"内在"。揭开冰山的秘密,我们会看到生命中的渴望、期待、观点和感受,看到真正的自我②。

---

① 肖强、马云鹏:《优质学校文化管理的实践与探索——基于 D 中学的个案研究》,《教育科学研究》2009 年第 2 期。
② 维吉尼亚·萨提亚、简·伯格、玛丽亚·葛莫利著,聂晶译:《萨提亚家庭治疗模式》,世界图书出版公司北京公司 2007 年版。

一般来说,我们看见都只是冰山一角,那就是外在行为的呈现,但在下面蕴藏着情绪,感受,期待,渴望等。

正是基于人本主义的管理思想,使用萨提亚冰山理论可以帮助校长了解老师,可以帮助老师了解学生,更可以帮助每个人了解自己。在优秀学校文化变革中,引起教师的文化自觉,了解每个人自己真正的需要,萨提亚冰山理论是很好的工具。

(2)文化建设——学校文化管理的核心思想

学校文化管理核心在文化建设,而文化却是一个大而抽象的概念,因此,不仅需要学校管理者通过具体的管理对象或管理环节对其进行具体化,而且更需要学校管理者在治校思想层面、治校理念层面进行文化灌输。然而,从学校文化表现来看,可以分为积极与消极两方面,学校文化管理的核心思想就是建设积极的学校文化。萨拉森认为,一所优秀学校的文化,通常包括下列特征:"学校明显的鼓励和保持师生之间,以及家长与学校之间有平等的权利关系;学校科层化的程度较低,使教师、学生及家长代表在学校政策的制定过程中有发言权。"①迪尔和彼得森提出的积极学校文化具有以下特征:

(1)关注学生和教师学习的任务(目标);

(2)历史和目标的丰富意义;

(3)产生质量、成就和为了每个人的学习的合作、表现和改善的核心价值;

(4)关于学生和教师学习、发展的潜力的积极的信念和假设;

(5)运用知识、经验和研究提供实践的、有力的专业社团;

(6)培养积极的交流渠道的非正式的网络;

(7)共享的领导;

(8)强化核心文化价值的仪式和传统;

(9)重视成功和承认英雄的故事;

(10)象征愉快和骄傲的物理环境;

---

① 黄显华、李子建:《课程:范式、取向和设计》,香港中文大学出版社1994年版,第337页。

（11）对每个人尊敬和关系的广泛分享的感觉。

正如南京市建邺实验小学校长祝瑞松谈到的：从树立领导文化旗帜、丰富精神文化内涵和完善制度文化建构，突出物质文化关怀入手，从而做到让榜样成为自信，让发展成为主动，让规范成为习惯，让需要成为价值[①]。杨越琰也在相关文献中提到：学校文化管理是继经验管理、科学管理模式之后出现的一种新管理模式，是将学校人力和物力资源进行整合与利用，达到提升学生和教师主体行为与促进学校发展的作用，它已成为"21 世纪的必然选择"[②]。

总之，学校的制度、习惯和风气等内容必须紧密围绕学校文化，共同指向积极的学校整体文化，体现人文精神，人性特点。同时，它们之间也正是通过学校文化而相互联系，共同作用，形成一个共同体的不同方面。

（3）立体建构——学校文化管理的载体

学校文化是一个多维、立体的复合体，因此，它的建构必须借助有效载体，在多个层面、多个维度上逐步推进。

开发特色课程，实行校本教研。校本课程是在学校特色与学生特点的共同作用下形成的。它不仅让学生掌握知识、让教师探索科研，更重要的是形成本校的学风和教风。在特色课程的开发、实施及评价活动中，学校管理者、教师、学生共同探索、总结，既形成独特的教育教学风格，也成为学校特色文化的载体。

开展校园活动，整合社区资源。除了静态的课程之外，学校文化管理还应该重视动态课程，让师生在实践中发展，让师生在活动中成长，不仅实现自我提升，也促进了师生和谐关系的发展、班集体和年级组的建设。另外，文化管理还应注重学校所在社区的特点，在众多潜在的社区文化中寻求突破，通过学校与社区的互动合作，拓展文化特色建设的思路，让学校文化"走出去"，让社区优秀资源"走进来"。

为了实行学校文化管理，我们不但要明确并突出学校的特色文化，而且还要寻找到有效、及时的载体提供实践的机会，加强对学校文化的理解。

[①] 祝瑞松：《文化管理：高品质管理的重要特征》，《上海教育科研》2008 年第 7 期。

[②] 杨越琰：《百年老校文化管理的意义、途径及方法——以广州市南武中学为例》，《教育导刊》2011 年第 7 期。

第三章

学校文化变革问题的提出：以 UN 中学为例

国外通常把学校组织文化称作学校文化(school culture)，主要指学校成员所持有的价值观念体系。郑金洲在《教育文化学》一书中对学校组织文化作了如下界定：学校组织文化指的是学校在长期的教育实践和与各种环境要素的互动过程中创造和积淀下来为其成员所认同的纪律、气氛、教与学的行为方式等行为规范体系，以及学校布局、校园环境、校舍建设、设施设备、符号、标志物等物质风貌体系①。由此可见，学校的现状折射出历史文化的积淀，现状问题与文化休戚相关。

一、UN 中学的现状

2000 年至 2008 年，UN 中学经历了由三所学校合并、两次"转制"即由公办学校进入转制试点再退出试点恢复公办学校的过程。几经折腾后，学校的教学秩序、家长公众对学校声誉的怀疑、学校如何生存的需要等，首先要面对的是高中学校的升学率问题。从而导致学校以升学为第一标准，其他什么都

---

① 郑金洲：《教育社会学》，人民教育出版社 2000 年版。

可以不管,学校制度混乱、干部不力、群心涣散、风气不正、师生士气低落,整个
组织文化建设流于形式和空泛。

(一) 校长的困惑

本人曾有六年副校长、五年正职校长的履职经历。2008 年,听从教育局
的调遣,到 UN 中学接任校长时,正值不惑之年,可谓任命于危急之秋,踌躇满
志,跃跃欲试。然而,一进 UN 中学的大门,不惑的我"困惑"了。破旧的校园
环境,各种突发事件以及学校领导班子无力的处理方式,中层干部与教师之间
形式主义的、并无诚意的沟通方式,教师们机械陈旧的教学观、学生观等等,都
是本人这个做了这么多年公办学校校长所不能理解的。

1."应试"扭曲师生关系,教师少有以身为范

在办学竞争中,应试教育、抓高考分数,确实是 UN 中学这类转制学校存
在的基础。所谓"转制",即"自负盈亏",所有人员支出、设备支出、校舍维修
等等均由学生学费支出。因此生源数量决定经济基础,而要吸引生源最直接
的决定因素就是高考升学率。我刚调到学校的第一学期,一个星期二的上午,
接到教育局信访办转发的一封由高一(2)班部分学生署名的举报信,反映一
位英语老师上课期间当众打了学生三个耳光,希望为这位同学讨个说法。惊
闻此事,马上展开调查,了解了事情的原委:

[案例 2]不"道貌岸然"的三个耳光

这堂课,英语老师正在讲解英语"道貌岸然"的中文意思,有一位调
皮的学生低着头嘀咕了一句:"说的就是你吧。"结果被老师听到,马上追
问学生:"你说什么?"学生矢口否认:"我没说什么。"老师急:"说了还不
肯承认?"学生:"我真的没说什么。"老师怒,呵斥学生站到讲台边,当着
全班同学的面,连抽了他三个耳光,大家哗然。事后,班干部马上告知了
班主任和年级组长,他们对学生做了安抚工作,但没有上报教导处。学生
见校方对此事没有什么说法,大家愤愤不平,认为要为被打学生"讨个说

法",于是给教育局写了这封信。

　　了解了事件的整个过程,我在惊诧、愤懑之余,于周四找当事老师谈话,欲了解老师的认识态度。想不到这位老师不以为然:"这帮学生就是缺乏管教。"

诚然,要求学生尊重老师是每一个教师的正常要求,但是因为学生的成绩或者其他原因方面的不理想,本校有不少老师对后进的学生表示出极度的缺乏耐性。尤其是表现出的言语行动等方面显得与教师身份很不相符。比如,在批评学生的时候当众责骂;在做高职高专自主招生提前报考动员的时候采取"赶出去"的说法。

经过多方努力与协调,这个"事件"的最终结果朝着较好的方向发展,老师们纷纷表示要引以为戒。但令本人十分震惊又极度困惑的是在事件处理过程中老师们的反应。记得我们对这位老师谈过话表示要进行严肃处理时,有些老师(还是一些业务比较好的骨干教师)居然"揭竿而起":"就这么点事,至于吗?"有些老师甚至还表示:这种事只要班主任"摆平"就得了,至于闹的这么大吗? 老师们的想法与现代教育理念相去甚远,可以想象,长此以往,师生矛盾、家校矛盾定会愈演愈烈。

应试压力不仅仅会扭曲师生关系,事实上,应试也是教师抵制现代教育理念、甚至回避德育责任,懈怠自律、自尊的原因。这是本人颇有感触的,见下例。

[案例3]"散兵游勇"式的教工升旗队伍

　　到 UN 中学后,第一次参加升旗仪式,教工队伍的"散"状着实让我吓了一跳:说是"队伍",其实就是三三两两随意站在学生队伍旁边的"人群"。有手拿早餐肩挎背包的,有两手抱拳交头接耳的,还有看报阅杂志的,全然没有"身正为范"的教师风采,看了真让人汗颜,很难想象在学生心目中都树立了怎样的教师形象。

2. 业务管理蒙混过关,干群间无正常的对话沟通渠道

而在所谓"应试"业务上,教师们也只是沿袭以往的旧教案,搞题海战术,

对学生进行反复操演,较难接受甚至抵制现代的新观点、新措施。有如下例:

[案例 4]蒙混过关"搞得定"的教导主任

新班子组建后的第一年,为提高教师的业务水平,也为了规范教学行为,经行政会议讨论决定,每学期按"四个一"(即:一次公开课及其教案和评价表;一份"微格"后的叙事研究;读一本教育论著并撰写不少于 800字的读书笔记;撰写一份所任教学班的学情分析等)教学常规来督促、考核每一位教师。按照惯例,每到期末我会督促教导处认真审阅"四个一",发现优秀案例要及时予以表扬、推荐,也要谨防老师为完成任务上网下载或相互抄袭应付了事。

就在第二学期结束前的两周,有老师告知,一位分管高三的"资深"教导,在比较公开的场合,公然对高三老师说:你们的论文我都帮你们"搞定"了,这一项你们就不必费心了。高三的老师们欢呼雀跃。

在本人看来,教导主任的所谓"搞定",是为了讨好老师,帮着老师"作弊",从而一起"忽悠"校长?抑或这一现象,他们已经习惯成自然了?带着郁闷与不解,我开始观察中层干部:他们几乎"清一色"按部就班地"上传下达",遇到突发事、紧要事,他们会不知所措,下意识地会把"皮球"踢给校长,而自己不愿或不习惯承担任何责任(当然原先的校长可能也没有任何授权)。这个现象直接导致中层干部的威信缺失,导致唯校长的指令才算是指令,因此校长的表扬与批评就成了"牵一发而动全身"的关键——导致干群关系经常紧张。

[案例 5]"受委屈"的骨干教师

接手学校的第二年,在各年级人事安排上做了较大变动:原高三老师大多到高一任教。刚一接手,很多老师没有因学生变化而主动去调整教学方法和策略,直接导致教与学的脱节,师生关系一度紧张。为此我建议教导处召开不同学科的学生座谈会,让师生之间进行较为畅快的沟通。只有找到"症结"所在,师生关系才能得到改善,学业成绩的提升也就水到渠成。

因此，当又一批高一新生进校后，为避免上一届的窘况，为让老师们尽快了解学生的想法，少走"弯路"，我们特别召开了"走近新生，了解新生"的工作研讨会，让老一届的高一老师介绍经验和教训；同时我们还在开学第二周召开高一学生座谈会，了解他们对高中生活的适应情况，以便尽快告知老师调整策略。当时比较集中的问题是反映一位数学老师讲的课听不懂，平时都不笑，像谁"欠了她债"似的（学生原话），学生去问问题，老师很没耐心，有时还要发脾气，吓得学生不敢再去问。

客观地说，这位老师算是一个较为成熟的骨干教师，十几年的教龄，积累了较为丰富的教学经验；平时兢兢业业，不计较个人得失，就是讲话语速较快，脾气有点急躁。了解到学生反映的情况后，为尽快缩短师生间的磨合期，提高教育教学效益，我让分管数学教研组的中层领导及时向她做了反馈，后来分管校长为了让她重视、改进，又向她反馈了一次，不巧的是在当周的教工大会上，我讲了学生反映的一些现象，希望引起老师们的反思。没想到这位老师反应很强烈，特别是身边部分老师还要"煽风点火"，说什么"你这么卖力，还要遭到学校批评"、"现在居然让学生来给老师做规矩了"等等，无异于"火上浇油"。这位老师不仅没有意识到自己做的不妥之处，而且还深感"委屈"。作为急于想扭转现状、"恨铁不成钢"的我来说，当时的郁闷之情可想而知。虽然后来我们做了很多努力，与这位老师多次沟通；也为了使大多数老师逐步理解学校的意图，我们通过教研组、年级组会议进行宣传解释，但效果都不甚理想。

这个案例带给我们管理层，尤其是作为校长的我极大的震撼。特别是后来本人得知一个环节：那位教师得到反馈"想不通"时曾经想到要找我直接沟通，可被教研组长和工会主席拦住了。这一"拦"更加重了老师的"委屈感"——"原来我在校长眼里就是这个样子的人！"我问过工会主席为什么要"拦"她与我沟通，工会主席也说不出所以然。这背后折射出怎样的一个管理现状呢？首先本人想到的是中层干部管理不力，他们的职责仅限于"上传下达"，处理"难题"或"突发"事件的能力和威信基本丧失。其次，干群关系不那么和谐,老师们不习惯于干群之间平等的对话式交流;干部的沟通方式或水平存在一定问题,老师一下难以接受;过去从没有重视倾听学生、不在意学生的感受,更谈不上向老师反馈"问题"了,因此,老师们的情绪逐步从不习惯到不接受再到抵触,就成为自然而然的反应了。

3. 学校缺乏规范统一的教师业务档案,岗位职责含混不清

学校在档案管理方面缺乏规范意识,少有制度约束,各部门之间"各自为政"收集材料,材料系统性、完整性不强,而且重卷、混卷现象严重;教师的档案意识薄弱,对与自身密切相关的业务档案及教师业务培训重视度不够,因此在申报职称时常会发现材料缺失,应急性补缺补漏,不仅浪费人力物力,而且导致材料的客观性、公正性、科学性缺失。

4. 校园环境破败,师生士气低落

三栋楼的校园,中间是一个不太规则的操场,校舍校貌陈旧零乱,墙上稀稀落落印着几个大字,多处墙体脱落,厕所简陋,蹲位无隔断,绿化美化杂乱无章,缺乏文化品位,教育教学设备陈旧简陋,几乎没有教师所用现代信息设备,学生用机也是公办学校几年前就遭淘汰的型号。每每老师外出听课、教研之后,总会感慨或抱怨办公条件与他校之天壤之别。造成如此校园环境的原因,一种可能是转制学校因自筹资金,财力有限,钱又必须花在刀刃上(主要用于人员经费),因此鲜有用于改善环境的能力;还有一种可能是校园环境对师生影响的重要性,学校领导对此没有足够的认识。

招生季节,有家长到学校打听办学情况,我们的职工不屑地答复:"这样的学校你也要来? 一点都不灵的!"碰巧有些家长的朋友认识我,很为我鸣不平:"想当初陈校长治校有方,颇有口碑,居然调到这样的垃圾学校,不值呀!"我得到"反馈",心如刀割。老师们对自己工作、生存的学校都没有认同感,这样的心态如何教得好学生呢? 果不其然,本人抽样查了近年来校园贴吧,发现上面"热闹"非凡,诅咒老师、谩骂学校之声不绝于耳,我心寒了……

（二）制度运行抑或文化的问题？

为什么这么多负面经验在教师中流动，司空见惯，我们的干部怎么啦？教师不自律、体罚学生、中层干部"捣糨糊"、问题处置遇到阻力……当问题越来越多地呈现出来，我却由开始的急躁变得冷静。所有呈现的问题提示我：这些都不是单纯的事件，期间内隐着某种学校文化、某种价值观。"当文化反对你的时候想做成任何事都几乎是不可能的"，"当文化不对的时候做任何事都是不对的"，抑或是学校文化出了问题？那么，UN 学校的文化现状究竟如何？包括全体员工的愿景、人际关系、常规制度、教师的日常工作生活等等。以下是对整个学校的文化面貌做了一番梳理。

（1）几次"转制"变换的现实

历史对人们的影响是难以估量的，同样，历史对一个学校的影响远远超出我们的想象。过去不仅构成了现在，而且也预示着未来。每一个学校都有自己的历史，或是短暂，或是悠久；或是让人骄傲，或是让人感到耻辱。总之，抹不掉历史发展的印记。回首学校走过的历史，你会惊奇地发现，过去的某些痕迹仍然内含于学校今天的现实文化之中。了解学校历史是理解学校文化的关键。过去的事件对当前的文化活动有着巨大的影响。因此，对学校历史作深入全面的了解，是了解学校文化的一个重要的方法。

1."转制档案"：考分、拉生源即立身之本

UN 中学的前身是上海铁路中学——全国铁路系统重点完全中学，曾有过辉煌的历史。从 2000 年到 2009 年短短的九年时间，历经 2000 年民办改制、三校合并以及 2009 年回归公办三个阶段。

2000 年，为配合体制改革（铁路子弟学校不再隶属铁路系统，划归地方）和市政建设（内环高架建造，需动用学校校舍），与其他两所学校高中部合并，成为公立转制学校（纯高中）。转制学校是我国民办教育演变过程中出现的一个新词，它不再属于公立学校，采取教育行政部门同个人或企业、事业组织及其他社会团体协议承办的方式，把公立学校按一定协议交由社会力量经营

管理,而产权归属不变。这种公立学校转制的构想,着眼于公立薄弱学校的改造,实质上是把薄弱的公立学校转变为民办学校之前的过渡体制,当时称之为"转制试点"。原有学校一旦转制,在协议存续期间不再是公立学校,不再像一般公立学校那样,获得财政性经费和公立学校其他待遇。学生学费收取高于公办学校,但低于民办学校。

因为整个教育环境的影响加之高考指挥棒的作用,学校领导觉得只有好的高考成绩,才能赢得生源,才能有资格去教育局为老师谋得更好的福利。因此,为了学校生存,升学、高考成了救命稻草。事实上,通过这样的努力,学校在升学上确实赢得社区、家长信任。但是,一所学校的灵魂——全人教育也成为了这种文化背景的牺牲品。

翻阅 2000 年至 2008 年档案,从中看到更多的是人事安排、教学质量数据分析,却看不到任何有关学校愿景与目标的资料。

2. 应试管理:教师的价值指向就是考分

老教师是历史的亲历者,对学校文化的生成有切身体验。有老教师讲:三校合并后,领导班子由几个学校的领导组成。原 YQ 中学(公办)的校长担任转制学校校长。老校长为学校团结,统一思想,曾经花费大量时间和精力构建学校文化,提倡明确的"三格"育人目标,即培养学生"高尚的国格,健全的人格,强健的体格"。"三格"育人目标对国家荣誉感、学生的人格塑造和学生的身体健康发展提出了指导,当时对学校的团结和思想的统一具有非凡意义。但由于校级班子成员都是清一色具有多年管理经验的"老人",都是各有特色、个性超强的领导者,都曾"呼风唤雨"、笑傲一方,因此各自怀揣不同的期望值,合作过程难免意见不统一,容易发生摩擦和矛盾,由此导致学校文化的混乱。于是,学校全面的、系统的建设没有什么建树,基本搁置不理,只是狠抓高考分数——这个大家最容易达成共识的目标。

在老教师讲述那段历史时,他们常说的有:"领导之间还搞不清楚,谁还顾得上这些","老校长紧紧抓住高三升学率,只重结果不看过程"。

一位大学毕业就在这所学校工作,亲身经历几番变迁,直至退休的老教师说：铁路中学那会儿，学校很大，福利很好，生源不错，有多少老师托关系走"后门"想要调到我们学校；又有多少铁路职工的子女通过考试选拔想要到我校就读……可是现在，回归地方后，又是并校，又是"转制"，校园越来越小，生源越来越差，地位日渐衰退……真是悲哀！

因此，虽然三校合并了八年，但许多老师的思维仍停留在合并前，三校合并的优势没能够在改制的过程中最好地发挥出来，人事关系的复杂性和制度的约束性，造成过去若干年中学校发展过程缺少一个长期的规划性和系统性，只能"头痛医头，脚痛医脚"地光顾眼前问题去解决、去运作，学校文化建设只能成为奢谈。学校历史的演变积淀了以升学为主导的文化现状。

班建武的研究曾经提及：学校文化有几种导向，一是情感导向的文化。以情感为导向的文化主要是指人们在一个非常重感情的友善场所工作，共同分享成果，就像一个大家庭，校长通常被看作导师或者家长；二是管理导向的文化。管理导向的文化主要指的是一种韦伯式的科层管理，重视效率、规则、标准。在这种文化中，人们在非常正规和构架森严的工作场所按照既定程序工作。学校靠严格的制度和管理达成目标。稳定是学校追求的主要目标；三是创新导向的文化。这种文化强调变化、创新，以任务为导向。教师在一个动态的、创新的和充满冒险的工作氛围中努力变革传统的教育教学方法。校长被看作革新者和冒险家。对教育改革的使命感使得整个学校的教职员工紧紧团结在一起。学校鼓励教师的个人创造，愿意承担各种改革的风险；四是升学率导向的文化。这种文化导向注重竞争，强调提高学校的升学率和社会声誉。这是一种以结果为导向的学校文化，它的重点就是能够完成指标和任务①。

在 UN 中学，教师个人十分具有竞争力且以"考分"目标为导向。学校的领导都是强有力的推动者、生产者和设计者。学校所谓成功，就是学生学习成绩和升学率的提高。因此，这种升学文化充斥着浓厚的竞争氛围，由此引发的师生观，教师的教学观以及各种冲突的处理，也被这样的文化中内隐的价值观所左右。

---

① 班建武：《学校文化现状诊断及改进路径》，《中国教育学刊》2011 年第 2 期。

［案例6］文化艺术节是搞"花头"？

初到 UN 中学,发现师生除了上课,几乎没有其他文化活动,犹如"分数"的机器。了解到转制八年以来,学校只召开过一次运动会、一次艺术节。于是召开学生座谈会征求意见,大家强烈要求每年要有自己的体育节和艺术节。会上我有意设问:这样会不会影响文化成绩呢？学生们的回答出乎我们意料:当然不会！这只能成为成绩不好的借口！于是,经过精心策划与周密部署,新一届"文化艺术节"拉开了帷幕。当时我对组织者提出一个软性要求和一个硬性要求,软性要求是希望师生合作,同台共演；硬性要求是只能用课余时间准备,决不可占用上课时间。学生们兴奋异常,紧锣密鼓准备着；老师们忧心忡忡,心里嘀咕:新校长喜欢搞"花头"嘛。

一个周五的下午,艺术老师愁眉苦脸找到我:任课老师午休时间进教室讲课,不肯放学生出来排练节目；老师们都不愿或不好意思与学生同台,如此下去闭幕式将无法按时召开。于是让学生处与年级组长协调,年级组长很无奈,原来已经遭到老师们的"投诉":中午和下午放学都"抓"不到学生补课或订正作业了,这样下去成绩必然下降！我一方面通过学生会做好学生工作,提高听课效率,决不能影响功课；另一方面通过教导处和工会做好班主任、任课老师工作,一起憧憬老师上台参演,将是何等激动人心的场面,讲清"放"是为了进一步"收"。就这样,勉勉强强地挨到闭幕式。记得班级大合唱,但凡有老师参与,总能激起雷鸣掌声。最后压轴节目是老师时装秀,全场轰动,不断有学生上台献花、拥抱……

艺术节结束后,学校召开了各个层面的总结会。虽然还有一些老师觉得是浪费时间,但艺术节带来的震动,已经引发了大多数老师的思考……

历史的积淀形成了文化,文化决定了人们如何对待问题。时间的累积,使这些非正式的东西成为共同的形式和价值,核心假设成为牢不可破的形式。历史从某种程度上说明了学校文化形成的原因和过程。因此,在 UN 中学,时刻都能感受到这段历史的深刻影响。这是一个重视"升学"的学校。从学校奖励教师的办法、学校教师之间的相处、学校对待新课程的态度与实践新课程的方式，都能感觉到背后"一只看不见的手"，那就是难以割舍的"升学"情怀。按理说，在现今高考体制下，追求升学率是检验学生发展的很重要因素之一，倒也无可厚非。但如果"一味"追求升学率，而忽视"分数"后面的东西，如育德育人活动在促进学生成长的作用、和谐师生关系对帮助学生成才的意义等；如果仅为了分数而教，却忽略了作为"师者，传道、授业、解惑"的功能，懒得去研究适应不同层次学生的教学方法和策略，那将是非常可怕的，再有文化底蕴的学校也经不起这种追逐分数的折腾，换言之，在人人只关注"分数"、不关注"德育"的情境下，形成与时俱进的良性文化氛围几乎成了空中楼阁。

（2）人事合一制度改革带来的阻力

经过一段时间对学校的观察和了解，经过和领导班子研究探讨尝试进行一些人事合一制度，试从亟待解决的问题（亦是顺理成章、应该做到也是容易做到的方面）入手，规范管理，加强监督检查，希望大家逐步、逐步改进，然后习惯成自然。虽然都是一些小步子的改革，虽然也曾告诫自己要有足够的耐心等待美好结果的出现，但在改革的过程中却遇到了许多始料未及的无形的阻力。

1. 急于教学常规检查，却被认为是多此一举

教学是生命线。考虑到老师们虽然观念陈旧，但"分数"还是紧抓不放，非常愿意在"抓分"上花时间和下功夫，因此，本人打着"帮助老师提高教学效益"的旗号，从检查各项教学常规工作入手，期待大家能重视备课，有所改变，却不料"一盆冷水"浇下来，从头凉到脚。

［案例 7］"备课"＝浪费时间？

学校教导处进行教学常规工作检查，结果发现，很多教师连基本的教案撰写都没有，甚至一连几年的教案只是教师自己的一本笔记本，多年不

变；有的教案只是一套套的考卷，有的只是课本上的一些备注。好点的只是从网上下载一些现成的教案，更不要说三维目标、教学后记，教师教法和学生学法的体现了。甚至不少老师认为高中阶段无需检查教案和作业批改，觉得这是幼稚的体现，认为教案撰写根本就是浪费时间和人力物力。备课组的教学进度安排表没有基本的规划，教学整体显得特别的随意。不仅如此，对于学校在教学常规工作加强督促和检查的背景下，教师们普遍认为多此一举，教研组长本身也不予重视，认为只要高考目标完成，无需过多干涉教师的教学过程。

2. 无须改变，老做法已司空见惯

随着常规检查的深入，许多老观念、老做法让笔者郁闷难平，无法理解的是，大家（包括一些中层干部）对此已经司空见惯。

［案例 8］不用多媒体，一样考高分？

2009 年转回公办，教育局为学校每个教室配备了多媒体设备，还派专人进行技术培训；学校也进行相应的宣传和培训。之后不久我进入课堂听课，一位 35 岁左右的数学骨干教师正在讲有关立体几何知识，他手脚并用费了半天劲，学生还是云里雾里。下课后我问他为什么不借助多媒体？他不以为然："没用！这些学生很笨的！"根本没有实践，何来"没用"之说！我进一步劝导："下节课不妨试试，很形象的，学生容易掌握，可以节省不少课堂时间。"当时他不置可否。事后听说他与老师交流时吐露心声："这么多年都是这么上课的，成绩不是也挺好吗？"

这位老师的观念是大多数老师的代表。回归公办前，上课基本没有人用多媒体教学，虽然与当时的硬件设施有关，但是仅有的两个多媒体教室也一直不怎么有人开启。老师上课的模式还停留在一本书、一支粉笔的原始状态，以至于转回公办后面对现代设备束手无策；试卷的誊印与制作还停留在胶水、剪刀的模式上面，而这些落后的方法，大多数老师已经习惯成自然，不认为有需要改进之处。

教学常规工作的不注重,除了管理的因素外,主要还在于教师的观念滞后,不仅意识不到"三维目标"的意义所在,也意识不到备课要"备学生和备教法"的重要作用。教学过程中"以练代讲"、"以考代练"的现象比比皆是,已然成为一种习惯,与二期课改"以学生为本"理念及现代教育科学化精致化相悖。

3. 教师各自为阵,利益狭隘,矛盾重重

二期课改背景下,对教师集体协作的要求越来越强烈,这就与教师单打独斗、各自为阵的现象发生矛盾;对教师教育教学专业发展的综合要求与教师狭隘需求间产生矛盾,这两对矛盾严重阻碍了师资队伍的提升和发展。

[案例 9]"统一进度"＝备课活动?

有一次连续听了某个备课组三位老师的随堂课,结果发现三位的教学进度参差不齐,有的要相差四个课时。我问备课组长:"平时间隔多少时间,组里统一备一次课?"

"我们坐一个办公室,天天都在集体备课。"他说。

"哦?说说看,你们怎么备课的?"

"开学初统一进度、考试时间,平时遇到问题一起探讨探讨。"

我语塞……

正如本人平时观察,教研活动、备课活动很多时候流于形成,教研组长至多在会议上根据自己喜好,有选择地做点上传下达的工作,然后就是大家聊聊天,吹吹牛,喝点东西,吃点东西,时间一到,解散。大家都不认为教研活动有什么好做的,自己的业务都已经足够胜任现在的教育教学,与同事之间也没有什么好探讨的,因为大家都是比较成熟的教师,能力都很强。

如果追根溯源,老师们发此感慨也是事出有因。由于生源大幅度上升,学校曾在 20 世纪 90 年代末大量引进外地在职教师。这些教师本身已具备一定的教学经验和方法,初入上海又比较刻苦用心,因此引进后大都能独当一面;加之三校合并后,高中部聚集了业务能力比较强的教师,他们也有一定的经验

和成熟的方法。因此大家都自我感觉良好;加之学校管理的约束性,教师队伍中又缺乏能够振臂一呼应者云集的领军人物,因此在工作协作方面呈现出一种各自为阵的散沙状态。然而事实上,在二期课改的背景下,很多教育教学工作并不是由教师个体就能胜任的。

[案例 10]学生分数＝个人专业水平?

记得有一回,接到一学生家长写来的表扬信,表扬一位老师利用课余、午休等时间为其孩子义务补课,使这位原本成绩不佳、缺乏信心的学生逐步"爬坡",终于赶上了班级的平均水平。家长和孩子心中感念,赞赏有加,希望学校予以弘扬。我深感欣慰之余,就在全校教工大会上盛赞老师的无私奉献,这是学校的荣幸,更是社会、家庭和孩子的荣幸。之后,这位老师因其一贯任劳任怨的表现而获得年度评优先进、区优秀青年等称号。

我正沉浸在宏伟蓝图的憧憬中,没想到老师中"嘘"声一片:这样的老师也能评"优秀"? 校长什么眼光? 通过事后了解发现:这位老师虽然勤勤恳恳,但教学成绩并不是最拔尖,在大多数老师眼中是"没什么本事"的人。

原来,学校一直把"分数"作为评判老师水平的几乎是唯一的标准。诚然,由于高考"指挥棒"的作用,学校、社会对学生考分的看重是自然的。因此,不少老师自认为能够把学生的考分提升,就一切安好,学校自然要重视,至于其他,无所谓。因此,教师在自身的专业化发展方面,更多地只是对专业发展等同于提升学生分数能力的发展。教师对做题目,对学生考分的追求还是蛮高的,也以自己所教学生考分比别人高为骄傲。但除此之外,不予重视,甚至不屑。

客观地说,本校教师个人的专业功底,尤其是教学基础都比较扎实,因此遇上级部门督导或视导检查的时候,老师们通过准备也能将课上好,获得教研员或专家认可。但是在平常的教学过程中,则与展示课截然脱节。由于"一边倒"看重分数,教师的个人发展往往只定位于"教学",而不重视"教育",表现在大多数老师不愿意担任班主任工作,或者做了班主任也仅仅停留于管理班级的成绩。如下例。

[案例11]"我职称评上了,为什么还要做班主任?"

到任后的第一次人事安排,尘埃落定后分管校长找老师落实岗位。有一位由高一升至高二的班主任突然提出不做班主任了,理由是:"高一做班主任是因为要评职称,现在职称已经评上了,我为什么还要做班主任呢?"说得是理直气壮,理所当然。

可以想象,每年安排班主任是怎样一种"拉郎配",做了班主任又是怎样一种急功近利?可想而知其教育效果,如果还有"效果"可言。

(三)师生的生存现状

1.教师个体的生存状态

(1)原教师及其工作的基本情况

从表一至表三的学校师资情况,可以看出以下几个比较明显的特点:首先,教师的学历并不低,教师具有本科以上学历达100%,不存在学历不达标教师;第二,教师的中高级职称比例偏高,达83.4%。说明学校教师对自身的业务发展(如职称评聘)有目标有追求,但职称与实际教学能力之间未必相符;第三,35岁以上中老年教师比例偏高,达65.3%。中老年教师已经积累了相当的教学经验,由于受年龄、精力等的限制,他们已经习惯于抓分数,不太愿意作其他的改变,也不太愿意接受新事物。

表一　教师学历(2008年统计)

学历级别	人　数	占教师总数比例
硕士生及以上学历	3	4.2
本科学历	69	95.8

表二　教师专业职务（2008 年统计）

年　龄	人　数	职　称			
		高级	中级	初级	见习
30 岁以下	12			11	1
30 岁—35 岁	13	1	12		
36 岁—40 岁	17	10	7		
41 岁—45 岁	11	6	5		
46 岁—60 岁	19	13	6		
占教师比		15.3%	41.7%	41.7%	

表三　教师年龄与教龄结构（2008 年统计）

年　龄	人　数	占教师比例	教　龄
30 岁以下	12	16.7%	1 年—5 年
30 岁—35 岁	13	18.1%	7 年—13 年
36 岁—40 岁	17	23.6%	12 年—18 年
41 岁—45 岁	11	15.3%	17 年—26 年
46 岁—60 岁	19	26.4%	24 年—34 年

由此本人作了进一步观察：教师的教学习惯缺乏专业精神，往往依赖经验进行教学，甚至一连几年的教案只是教师自己的一本笔记本，多年不变；备课组的教学进度安排表没有基本的规划，教学组织整体显得比较随意，更不要说备学生和备教法了；以练代讲已成为一种习惯，授课组织安排的随意性也成为了习惯，与现代教育科学化精致化的要求严重脱节。

［案例 12］随意调课成常态

刚到学校不久，笔者和主管教学的副校长去听某位老师的家常课，结果进课堂的却是另外一位老师。不仅我们听课者吃惊，学生也很吃惊，忙着悉悉索索换课本。经了解，原本上课的老师因家中有事，在没有通知学生、班主任、学校教学主管部门的情况下私自调课。在询问、了解的过程中，发现老师对这种现象非常不以为然，他们已经习以为常。

[案例13]成绩"说了算"?

应广大学生要求(学校自2000年转制后仅开过一次运动会),也为了丰富学生课余生活,我在到任后第一学期决定举办为期一个月的文化体育节,倡导师生共同参与,和谐合作。这个过程中,同学们表现踊跃,校园充满活力。某个班级得了团体第一名,班主任很高兴,与同学们共同庆贺。任课老师"一盆冷水"浇下来:活动搞得轰轰烈烈有啥用? 最后还是成绩说了算!

教师之间的竞争体现在学生成绩的竞争,当自己所带班级的成绩比其他人高时就很高兴,成绩差时就很沮丧。由于"唯成绩论"的短视,老师们很少很不愿意去校外听课,只管自己的"一亩三分地",导致信息闭塞,唯我独尊,夜郎自大。有一年,全区召集了各学科专家对所有老师进行"地毯式"调研。专家听课后与每一位老师进行面对面的交流、反馈。当专家较为客观地对我校老师指出教学过程中值得商榷之处,有些老师居然为自己显而易见的问题而当面辩驳,让专家们哭笑不得。这件事也在区内传为"笑谈"。

当教师的教学观、学生观、以及组织氛围都出现问题时,就不是老师的问题了,而是学校文化的问题。

(2)干群关系生硬,同事之间明争暗斗

教师作为学校的教学一线人员,通过教学传承着学校文化,起着道德教化作用。因此教师与学校管理人员的关系模式内隐着学校文化的价值观念。

[案例14]教育局收到老师的告状信

调入本校之前就听闻每年都有一两封小至区级大至中央的匿名举报信。后来听说有些老师觉得要给领导找点"事",要让领导"忙"一点,才能无暇管理老师,管理学校,这样他们才能优哉游哉混日子。记得最"过分"的一封信是写到中央某部状告学校"偷税漏税",惊动了国家、市、区各级机构,足足调查了两个月,虽说大多数据是无中生有,但着实让老校长忙活了好大一阵,心力交瘁。而这也正是某些人写匿名信的目的及"快乐"

所在。更让人郁闷的是,有好些人幸灾乐祸,不以为耻,反以为乐。

[案例15]不分对错,一边倒,貌似团结,实质无益于老师进步

有的老师因为教学不力,导致班级成绩下滑,遭到领导批评后本来就很郁闷,这时身边往往有些人"借题发挥",说什么你已经够卖力了,领导凭什么批评,让他来教教看! 这番话往往引来不少人的附和。可以想象,这番"批评"和"附和",不仅没有"点醒"当事人,可能就为下一次的"批评"埋下"冲突"的导火线。

[案例16]有的老师对后勤工作人员缺乏应有的尊重

原来铁路中学属企业管理,后勤人员称为"行政人员",是"坐办公室"的科员,而且大多数都是有"铁路"人脉的亲属,自我感觉比较好,在他们眼中老师就是一线的"工人"。转回地方,三校合并的是三校的老师,后勤人员还是由原来铁中人员组成。由企业式管理转回地方管理后,这些"行政人员"出现极大不适应症:原来是老师"求"他们做事,现在强调的是后勤职工要为一线教师服务,而且提倡主动优质的服务,这让他们心里不爽,因此在"服务"的过程中难免爱理不理,拖拖拉拉,甚至出言不逊;而一线教师,尤其是从其他两所公办学校合并过来的教师,哪里受得了这样的"白眼",因此在打交道的过程中,也就"针尖对麦芒",互不谦让。教导主任甚至校长们经常花很多精力在解决这类琐事上。

Bell 和 Sigsworth 认为学校存在一种非正式的文化。"当一个群体中的个体在一起相处一段时间后,就不知不觉形成一种特有的非正式的文化。大家在分享各自经验时,他们就拥有一些共同的看法。在学校的教职员工中,日复一日一起工作而形成一种特殊的非正式的文化。他们分享着有关好学生和差学生的观点,分享对学校和其他人的看法。"[1]因此,个体无法明显背离其所生

---

[1] Adrian Bell, Allan Sigsworth, The Small Rural Primary School: A Matter of Quality [M]. UK: The Falmer Press, The Falmer House, 1987.

活环境的文化,否则他将陷于困境。UN 中学就是如此,干群关系不和睦,大家都想看领导"笑话";广大教职员工与领导不能有效沟通,只能通过暗地攻击的形式;同事之间的评价以考分为主,且存在明争暗斗的关系;对待学生,高高在上,学生仅仅是体现教师个人价值的工具。

2. 时空规限内的学生状况

上海大学市北附属中学于 2000 年改为民办,几经沧桑,2009 年退出转制,回归公办。在这近十年的发展历程中,生源的水平变化很大,学生的整体氛围也有很大的变化。在转为公办之前,上海大学市北附属中学的学生状况呈现这样的特点:生源质量整体下滑,有目标缺理念,有行动缺计划,有课程缺规划。

(1)录取分数线下降 60 分,生源质量整体下滑

由于学校体制两次变换以及全区生源数量的下降,UN 中学的招生录取分数连续下降了近 60 分。现有学生的层次大多属于初中阶段的中等生,不要说中队干部,就连小队长也极为罕见,是比较受忽视的群体。他们往往学习动力不足,学习能力不强,甚至学习习惯、家庭教育等方面都存在问题。

[案例 17]老师教得累,学生学得累

理科老师普遍反应,一个简单的概念或解法,过去的学生最多讲二至三遍就理解了,现在的学生要讲五遍以上,竟然还有不懂的;过去的学生听完一道例题可以举一反三,现在的学生,原题目换一个数据就不会做了……现在的学生不讲究学习方法,只习惯于题海战术,老师教得累,学生学得累。

[案例 18]学生自控能力较弱,对老师的依赖性强

有一位高一新生,早上常常迟到,作业也未能如期完成。班主任通过家访发现,这位学生一到晚上七点半就想睡觉,作业都是早上起来补做,他的家长束手无策,只好听之任之。后来与班主任之间达成一个共识:每

天晚上七点和早上六点由班主任打个电话提醒。这样坚持了一个学期,终于改掉陋习。

[案例 19]学生干部缺乏,管理能力较弱

现有生源在初中阶段几乎没有担任过干部的,所有干部都是由班主任从新培养。诸如每月收取伙食费、早自修管理班级、卫生包干区的分配检查等等,都得由班主任手把手地教。最典型的是挑选每周升旗仪式主持人,从暑期就开始培训,每次上场前,均由团委书记审好稿子,排练几回才有胆量上场。可常常是一上场就紧张,声音极小,有时还结结巴巴。因为从来都没有机会在大庭广众下发言,紧张自不可避免。

[案例 20]家庭教育失控,家长权威扫地

有一回,班主任请家长来校聊聊孩子近况。家长还未进办公室,只听到那学生对家长吼道:你是狗呀叫你来就来? 更有甚者,竟然当着老师的面对家长说:你再说,看我回去怎么收拾你。

(2)正确的育人目标,缺失的教育理念

在学校转为民办以来,为了确保高考升学率,一定程度上忽视了学生的发展。整体上看尽管高考分数保住了,但德育上多形式主义,学生不活跃,学生工作少见亮点。

在上海大学市北附属中学转为民办以来,一直提倡明确的"三格"育人目标,即培养学生"高尚的国格,健全的人格,强健的体格"。"三格"育人目标具有科学性,从国家荣誉感、学生的人格塑造和学生的身体健康发展提出了指导,对学生有很强的引导作用。但是,作为学校的育人目标,在实践操作中遇到了很多的问题。

首先,缺失了教育理念的引领,并且缺失了实践的途径,一直都停留在喊口号的阶段,并且缺乏感染力。"三格"教育,作为学校的育人目标,应该在学生的教育过程中得以显现。然而,在学生的活动中,只是把"三格"作为一块牌子。

[案例21]喊口号的国格教育

周五,高二某班级召开"当国歌响起的时候"主题班会,在班会进行的过程中,班主任用演示图稿给学生展示了从鸦片战争以来中国的屈辱史和战争史,学生在观看过程中很专注,情绪也很高涨。在演示完毕后,学生们的发言慷慨激昂,感慨我们国家的来之不易,感慨五星红旗的来之不易。并且班级建立了公约,在升旗仪式高唱国歌之时一定要唱的最高亢。第二周周一的升旗仪式,这个班级在唱国歌的时候仍然没有声音,甚至有学生在下面交头接耳的讲话。仅仅一个周末,这个班级的学生就忘记了那一堂班会课,忘记了班级公约。

并不是学生健忘,而是对学生的国格教育没有形成序列,没有一种规划的教育路径。仅仅一次班会课,只能看作是学生们的"应景"教育,它的教育效果可想而知。所以,在这样的状况下,"三格"教育育人目标,只能是一个"空中楼阁"。

其次,学校的中心工作是分数和成绩,高考率是学校的根本保障。因而,在高考率的面前,一切事务都可以让步,因而,如何落实"三格"教育,并不在学校思考的范畴之内。而对于"三格"教育的实践,也仅仅限于抓好学生的行为规范上。

(3)注重行为规范,缺乏引导规划

在学生行为规范的管理,学校采取的是一种"规制"的思想,即规范、制约学生生活与学习中的行为,即指令学生不做什么、做什么。在对学生行为规范的严格管理下,学校的学生风气有了很大进步,也获得了一些好评,但是并没有从根本上入手解决学生行为规范的问题。

首先,对学生行为规范的严格管理,对于上海大学市北附属中学的生源情况来看,是必须的。因为考入本校的很大一部分学生,都存在某些行为偏差。因而,建立良好的校风,必须严格管理学生的行为规范。但是,对于学生行为规范的管理,只在于防范和限制,而缺乏引导和规划,缺乏"激励"的思想,没有点燃学生的积极性与快乐感。从而,学生在行为规范的遵守上,只是行动上的服从,但从内心,学生主动地想去做什么。

其次,学生对规范的遵守,是一种被动的行为。于是,在学生违反了规范的时候,首先想到的是辩解和推脱,而不会去审视自我,不会勇于承担,更不会主动地自我改变。

再次,对学生的行为规范教育缺少规划。在行为规范的教育上,遇到问题就处理问题的,而没有整体的规划,每个学期也没有重点教育的项目。因而,在行为规范的教育上,就存在随意性的特点。一方面,德育管理者应接不暇,疲于处理学生的违规现象;另一方面,学生也没有形成自己的认识,只是尽量做到不违规。

(4)学生组织形同虚设,学生干部能力薄弱

在三校合并后,虽然有完整的高中行政编班和体制,也有名义上的团委和学生会组织,但并校九年中,只经历过一次团委和学生会的改选,学生组织形同虚设。学生中的大多数基本不知道学校中学生组织的存在。团委、学生会干部名单上的学生早已毕业多年,参加区级学生联合会的人员都是临时任命,拉来凑数的。根据团委、学生会没有切合学校实际的章程,通用章程中写明应由学生干部承担的责任几乎全部处于真空状态,大部分日常工作的开展几乎全部由老师代替完成。

[案例 22]真空状态的学生组织

学校每周四中午开展的卫生大扫除,根据通用章程应由学生会自管部部长或副部长协同各年级两名劳动委员组成检查组对大扫除情况进行统计、评比和公布。但学生会自管部部长已经毕业,指定的临时负责人对自己的职务完全不清楚,也从来没有开展过任何职务范围内的检查工作。根据在学生中进行的调查结果显示,85%以上的学生表示对学生会自管部的工作内容完全不了解,也对学生会的工作表示不满意。

(5)德育校本课程不成体系

校本德育实践课程建设从很早就已经提出。在很早就实施了校本课,虽然课的数目不少,但是实施下来,有些课程就是课堂教学的延续,有些课程学

生根本没有兴趣。

并且德育校本课程缺乏计划性,整体校本德育构不成一个完整的体系,因此校本德育课程的发展滞后,对学生的引导作用也就微乎其微。

[案例23]缺乏系统性的校本课程

从2000年开始,本校就在高一、高二实施了校本课,每周三下午安排一堂课,任课教师主要由本年级教师中产生,主要开设的课程有教师自己申报,采用学期末作业考查的方式进行检测,第二学期所有校本课再换一批老师上课。所以,很多学生对校本课没有兴趣,报什么无所谓,很多校本课的课堂也变成了睡觉、完成家庭作业、聊天的场所。

无论是学校的规划、课程的选择、教师的准备都存在着缺失,校本课程也就成为了一个形同虚设的课程,也不能引起学生的兴趣。

尽管如此,老师们在与学生们接触的过程中,也发现了他们淳朴、可爱的一面,他们愿意合作,给点阳光就灿烂;具有较强的可塑性和较大上升空间。

二、制度背后:文化问题

当我们通过观察、感受甚至直觉,加上老师的口头解释、运用所有个人的感觉,就能触摸到学校文化的真谛。作为一所升学率一直保持稳定,并因此常常得到教育局表扬的学校,有着独有的积极因素;同时,也必然存在消极因素。当消极因素占上风时,就成为学校的主流文化。

(一) 学校文化中存在的一些消极因素

从UN学校近些年的演变来看,固有的集体习惯、处事规则、目标追求及其背后的文化观都是当时处境的反应,在历史上也一定有着团结员工、统一思想的作用,对保持较高的高考业绩,保障转制学校的生存等产生过积极作用,并不是一无是处。但是,由应试、浓厚的自上而下的压力,以考分来规制师生的文化也必然带来了不可忽视的消极影响。

作为一所高中阶段的学校，正是学生价值观、人生观形成的关键时刻，同时，也是教师朝夕相伴工作生活的"单位"情景，只讲考试，忽视其他，并在沉重的应试压力下士气低迷，处处紧张，很少欢乐，这对学生的发展是不利的，对教师而言是不幸福的。以上回顾分析，大致可以归结为这么几点：第一，正像校务会上一些同事说的那样，在"小农经济"的笼罩下，以往的学校文化更多的是"只顾自己（所教学科的考分），而不顾他人和集体"，它不能适应现代教育协调合作的要求；第二，以考分为主导的升学文化，机械冷漠、简化甚至忽略了学校的育人功能，使学生处于压抑被动的境地；第三，缺乏规范、缺乏秩序、缺乏人际沟通的工作情景，间离了师生关系、师师关系，蔑视人文关怀，取消了人的创造性。笔者在很多校内调研中看到 UN 学校的教师"希望学校像一个大家庭"，他们渴望着组织的关怀，渴望着各种新的尝试与新的氛围；第四，学校没有文化、艺术、体育类的节庆活动，除了考试科目，没有选修课；学生会、学生社团等学生组织形同虚设，很少开展活动；也没有专职心理疏导教师。总之，当一所中学只有高考，除了学习，而没有或很少有其他欢乐的时候，它的士气、自信、自尊正受到严重的消解。UN 学校亟待改革！

（二）安全感、归属感是关键

分析当时学校文化的积极因素和消极因素，对学校当时的文化现状进行梳理，影响学校文化的观念浮出水面。

因为三校合并成为转制学校，学校的前途不明，未来发展不明，学校的生存是排在第一位的，当生存还有危机时很难顾及到学校发展和学校文化的构建，更谈不上学校的全面发展，校园环境、教师个人专业发展等统统被放在学校生存后面，教师缺乏应有的安全感和归属感。比如，老师们对学校名字经常开玩笑说：我们既不是上海大学附属中学，跟市北中学也没什么关系；有初中学生家长到学校了解情况时，有的老师会说，千万别来这个学校，学费又高又不灵，学生在自己的学校贴吧上称自己的学校为垃圾学校等等。当师生对学校没有足够的安全感和归属感，教师落后的职业观，仅仅把"教师"这个职业当作"混口饭吃"等等,诸如此类的观点,导致师生与学校组织之间缺乏统一的情感认同。

三格教育是学校在合并时提出的学校文化灵魂,但是,在操作中发现,学校文化的核心——办学理念却没有提及,缺乏师生认同的价值观念。这样导致有目标缺理念,有行动缺计划,有课程缺规划的局面。

[案例24]"空中楼阁"的国格教育

一个周五,高二某班级召开"当国歌响起的时候"主题班会。在班会进行的过程中,班主任用演示图稿给学生展示了从鸦片战争以来中国的屈辱史和战争史,学生在观看过程中很专注,情绪也很高涨。在演示完毕后,学生们的发言慷慨激昂,感慨我们国家的来之不易,感慨五星红旗的来之不易,由此共同建立了班级公约,相约在升旗仪式高唱国歌之时一定要唱的最高亢。不曾想第二周周一的升旗仪式,这个班级在唱国歌的时候依旧没有声音,甚至有学生在下面交头接耳。仅仅一个周末,这个班级的学生就忘记了那一堂班会课,忘记了班级公约。

并不是学生健忘,而是对学生的国格教育没有形成序列,没有一种规划的教育路径。仅仅一次班会课,只能看做是学生们的"应景"教育,它的教育效果可想而知。所以,在这样的状况下,"三格"教育育人目标,只能是一个"空中楼阁"。

纵观以上分析,学校文化现状,在组织文化上表现出:小农经济文化笼罩下的狭隘的利己思想。在教师文化上表现出:素质教育理念的现代性与教师观念滞后的矛盾;集体协作的要求与教师各自为阵的矛盾;专业发展综合要求与狭隘需要间的矛盾;教师自我尊重的高要求与对学生尊重低要求之间的矛盾;爱校意识的缺失与学校荣辱休戚与共的矛盾。在学生文化上表现出:正确的育人目标,缺失的教育理念;注重行为规范,缺乏引导规划;学生组织形同虚设,学生干部能力薄弱;德育校本课程不成体系。在环境文化上表现出:"物"没有赋予文化的含义。

没有学校文化的支持,任何改革,哪怕是小小的变动也只能是肤浅、表面和形式化的。学校文化才是学校发展和学生学习的关键。它通过教师、学生、家长和管理者在无意识中形成的行为规范,默默而强有力地影响学校的发展,激发人们共同完成改革使命。任何改革,其成功与否的关键都在于既有的学校文化对新思想、新观念的制约作用。如果不考虑既有的主流文化,不彻底地质疑、挑战或替代学校教育中隐含的价值、信念和假定,就必然导致新技巧适应旧规范,使改革流于形式,甚至失败。

三、"让优秀成为一种习惯"办学理念的提出

上述文化检讨中,本书认为,不能再单纯地解决各种层出不穷的事件,应该将重点放在变革"优秀"的学校文化上:尊重人性,体现人文关怀;梳理学校文化的积极因素,并将之作为一种习惯固定下来;立体建构,变革"优秀"学校文化,以驱逐和代替学校文化中的消极因素。

(一)办学理念是学校文化的核心

现代教育理论认为,办学理念是学校文化的核心。根据学校实际情况,结合学校文化传承中的积极因素,找到优秀学校文化的核心,即办学理念。办学理念是学校的灵魂,它包括学校的办学宗旨、办学目标、办学策略,具体体现在校训、校标等方面。

本人认为,办学理念要基于本校实际。上海市育才中学由于有着悠久的历史,因此他们的办学理念是:敢为天下先;七宝中学是一所市重点中学,有良好的师资和生源,他们的办学理念是:全面发展,人文见长;倡导成功教育的刘京海校长提出成功教育的办学理念。我校是闸北区一所占地面积较小的弄堂学校,因此精致是物质基础;我校的生源来自于闸北后 20%,学习困难学生占多数,因此要体现不断进步的愿望;我校曾经有辉煌的历史,社会对学校的升学依然有期待,我们也不愿意因为学生生源的下降,在升学上对自己降低要求,因此要体现继承与发展、积极向上的美好愿望;我校生源的成绩较差,但并

不是一切都差,因此要体现学生的特点。

办学理念要适应当今社会的发展需要,体现时代精神。学校文化是一个动态过程,必须反映时代精神。办学理念使学校的整体行为具有自觉性和目的性,但它需要学校管理者通过具体的管理对象或管理环节对其进行具体化,而且更需要学校管理者在治校思想层面、治校理念层面进行文化灌输。具体来说,应该包括:历史文化、组织文化、教师文化、学生文化、环境文化等。总之,学校的制度、习惯和风气等内容必须紧密围绕学校文化的核心,共同指向学校整体文化,体现人文精神,人性特点。同时,它们之间也正是通过学校文化而相互联系,共同作用,形成一个共同体的不同方面。因此,在经过多方协商的基础上,共同把学校的办学理念定位为"让优秀成为一种习惯"。

(二)理念的实践:关于"优秀"的激励、解释与抓手

2009年,面对学校现状,本人提出了"让优秀成为一种习惯"的办学理念,并把这个理念融入到学校的日常教育和各项活动中。在这个教育理念的引导下,构建"优秀学校文化"成为学校转为公办之后的重要思路。

围绕"让优秀成为一种习惯"的办学理念,设计开展了一系列活动计划,探索变革"优秀"学校文化的路径。既保持原有优良传统,同时对各方面工作渐次渗透新的、优秀的制度措施与评价准则,与时俱进,追求卓越,希望用激励、正面的命题来鼓励上进,并逐步规制、稳固发展为学校文化,最终实现"闸北区优秀的普通高中"这一办学目标。

1.让"成绩"和"人格"合为一体

"成绩"是学校历史中有积极意义的传统,"成绩"让老师有尊严,让学校有声誉,也是检验学生发展的标尺之一,不管过去、现在还是将来,抓"成绩"都是全校上下一致的目标所在。但不能只抓"成绩",更重要的是抓好学生的"人格"发展。人格是教育的核心力量,也是核心任务。如果被培养的学生没有人格,可以说是社会之灾难,也是他本人的灾难。我们要让"成绩"和"人格"成为 UN 学校文化不可分割的统一体。

"优秀是一种习惯"，这句话来源于亚里士多德关于优秀的描述："我们每一个人都是由自己一再重复的行为所铸造的。因而优秀不是一种行为，而是一种习惯"。按照心理规律，"优秀是一种习惯"不是一蹴而就的，需要长期系统建设。而作为一种办学理念，不论是自下而上，还是自上而下，学校的发展都是有沿革的，是连续的，为此我们提出"让优秀成为一种习惯"，加一个"让"字，一方面传递出希望、呼唤和信任，另一方面也表示出优秀习惯的养成是一种长期坚持、积累的过程以及创设"优秀"学校文化的决心。"让优秀成为一种习惯"，就是珍惜、继承传统，期待、呼唤更好。

办学理念是学校文化的核心，贯穿学校工作的方方面面。通过"让优秀成为一种习惯"这一办学理念，希望学校全体教职员工达成一种共识：虽然是普通高中，但大可不必妄自菲薄，不看轻自己，着重于发展自己的"长板"，当评价标准越来越多元化的时候，我们学校可以被称为特色高中而不是普通高中。

在学校文化建设的过程中，我有两个基本观点贯穿始终：第一，从学校管理的角度来说，学校的发展是有沿革的，在新一轮的学校改革中，不是把以前的全部否定，而是将学校已有的优秀的学校文化加以梳理，并固定下来，使之持之以恒形成习惯；第二，从现在的办学目标来看，所有的政策、措施是为了让学校在稳定中发展，在发展中创新。

因此，首先要做的是挖掘、厘清优秀学校文化的内涵。2008 年 9 月我们分别从八年办学优势的提炼、对校务公开、教育教学管理及工会工作的意见和建议等方面，向全校教职工展开问卷调查。令人欣喜的是，每一位教工都认真行使自己的权利，概括出了诸如"有一支较强的师资队伍，形成了多途径培养学生成才的体系和一整套科学的教学质量监控体系"等亮点，提出了"改革分配制度、进一步明确岗位职责、学校管理增加透明度"等方面的意见和建议。这些都成为我们继承、发展、变革的重点项目。

2. 让全校师生认可"优秀"而形成文化自觉

所谓"文化自觉"，借用费孝通先生的观点，是指生活在一定文化历史圈子的人对其文化有自知之明,并对其发展历程和未来有充分的认识①。既然老师们认可曾经的那么多的"优秀",那么保持、继承"优秀"并使之成为自觉,也将是水到渠成的事。

首先是弘扬传统的"优秀"文化。我们让全校教职员工撰写征文"我心中的学校",鼓励大家用笔倾诉学校伴随自己成长的最美好的点点滴滴,用心去体悟"优秀"传统文化带来的幸福感;我们让全校学生撰写"我心目中的好老师"征文,通过挖掘身边"优秀"的师德师风典范,同学们感受老师的爱正是促使自己不断进步的力量源泉……这些,都是"优秀"最原始的具体体现。这样,从挖掘—体验—感悟—担当,直至"认可",是实现文化自觉的第一步。

其次,认可传统的"优秀"文化还不够,"认可"仅仅是"回归"或者说"复旧",我们要在"认可"的基础上升华、继承,也就是"复兴",即根据我们现时的需要作现代性的改造。这种改造一定要在"认可"的基础上,逐步引导师生去发现不足与不妥,然后加以继承性改造与创新。

3. 按照学校主体分为组织文化、教师文化、学生文化、环境文化四个方面作为抓手

培植 UN 中学"优秀学校文化"需要整体的规划和设置,分阶段进行。因此,在"优秀是一种习惯"的教育理念指导下,在与各组室、中层干部自下而上的调研中,在校领导班子多次专题会议的研讨中,我们掌握了全校师生更全面、更真实的学习工作现状与心理期待,认识到办学治教的理念、校园精神、学校文化必须依托一个有所改进的、全面的办学规划——制度系统;而这个系统的核心是两个侧面:第一是对我校作为一所普通高中学校的任务即"事"的范畴进行正确、完整的梳理;第二是对做事的"人"即对教师、学生的行为进行引导与规范。

经过全校师生的讨论和解读,形成了对学校的共同愿景的期盼,那就是:

———————————

① 费孝通:《费孝通论文化与文化自觉》,群言出版社 2007 年版。

"让校园更有朝气,让师生更添智慧;让校园更具美感,让员工更加和谐"。同时,在办学理念的引领下,我们也重新定位了学校的办学目标、校风、学风、教风以及学校、教师和学生的价值。由此,本书试图从组织文化、教师文化、学生文化、环境文化等四个方面为入手,探索"优秀"学校文化培养路径。

第四章

学校文化变革的探索路径

——"优秀"学校文化的实践阐释

　　正如前一章所述,在学校发展的一定阶段、在家长公众的需求之下,应试竞争、关注考试分数,也是一种难能可贵的业绩,也是优秀,但是随着社会进步、教育发展,显然这不符合全面发展的教育方针,不利于学生的可持续生长,在学校管理中也会产生各种功利的、负面的作用而有悖教育的原旨。因此,重新审视"优秀"的内涵,用激励的口吻,既保持教师原有的"专业精神"(片面的、学科成绩倾向的优秀),更增进"学生健康发展"的优秀观,本人于 2008 年提出了"让优秀成为一种习惯"的教育理念。

　　文化是价值呈现,是人在做事中所表现的稳固的规则(习惯)。学校的文化,表现于最后凝结在处事待人的制度与行为惯例中,这称之为组织文化;而在感性的教育过程中,教师、学生作为该过程最显著的两个主体,我们又可以分为教师文化与学生文化;另外,作为学习知识、陶冶品行的场所,学校的场所设施在心理上对学生的影响也是格外重要的"校园"文化。这一章,本人将按照这个顺序来分别阐释 UN 中学是如何培植、营造自己的文化的。

一、历史文化:优秀文化的传承

众所周知,学校文化的要素和特性在学校创立之初就开始具有了,对学校历史的回顾可以寻找学校文化发展的方向。学校文化的核心是随时间的推移而逐渐积淀而成的。只有读懂历史才是深刻理解学校文化的关键,才是建设学校文化的前提和基础。

虽然 UN 中学有不少消极的文化,但五十多年的一所老校,也一定有着不可否认的积极文化。在管理实践中,本人深信只有发现其优点、赞赏其优点,并在此基础上发扬光大、吸收弥补才是最理智的管理策略。于是,在多次行政例会、教师讨论中,我们认识到 UN 中学有着这些绝不可忽视的优秀传统。

首先,受原有铁路学校(大企业办学)的影响,UN 中学的教师对自己的教师身份有着很高的认同感。虽然看起来当时我校教师在观念上显得落伍,教育教学方法上显得陈旧,教育效果上也日益显现折扣;教师普遍觉得现在学生难教,不会教,教不好,但是老师们积极寻找正确的解决渠道的探索精神一直存在。老师们看重考分的同时,实际是看重自己的职业,看重个人价值,当评判教师的价值标准发生变化时,教师回归教学,教化的行动也会变成现实。

[案例 25]一切为了学生

有一次,一位老师因为与某位校领导冲突而感到灰心丧气,一回到办公室,面对一大摞的作业,他说:我上课不是为了某个领导,而是为了那么多学生,他们的命运都掌握在我手里,我受再大的委屈也不能对不起学生,对我们来说,这是一个学生,对一个家庭来说,可就是家庭的全部希望。

第二,教师的满足感有时不是来源于收入,而是职业尊严。九年的转制学校,教师的收入与公办学校相比,有很大的差距。但是,教师们普遍有较好的敬业精神,中午午休时间为学生补差补缺,对待学习困难学生不抛弃不放弃等等随处可见。

[案例26]高考后学生家长送来锦旗

有一名学生计算机天赋很突出,但是因为沉迷网络,高三时一度想要放弃学业,在家足不出户玩电脑。在班主任、任课老师的多次努力下,终将这名学生拉回了课堂,拉回了书本,一鼓作气考进了华东理工大学。家长倍加感激,感谢老师挽救了孩子,拯救了自己的家庭,就在新学期开学第一天送来了锦旗,并在升旗仪式上现身说法,对学校,对老师的感恩之情溢于言表。

[案例27]午休时间为学生义务补课

每天午休时间,大多数主课老师都下意识地放弃休息,为学业落后的学生补缺补差。走廊上,教室里,办公桌旁,总看到三三两两的学生围着老师答疑;经常听到老师对学生说:不用担心影响老师休息,就怕你们不问问题。

总之,本书认为原 UN 中学的"应试"、"高压"文化现象因学校转制或生存的功利而起,这些都是暂时的,而通过对教师需求的肯定,教师才会有很强的文化自觉。正如萨提亚的"冰山理论"所言,不管行为是多么糟糕,但我们能看到行为是由当事人的感受引起,而感受背后的需求是一样的:被认可,被关注,被接纳。当需求被满足,行为是可以发生改变的①。

[案例28]被"投诉"的好老师

有一位数学老师,勤恳敬业,当很多学生要找其做家教,她婉言谢绝,并在家长会上说:只要有不懂之处随时来问我,就是再晚也要把当天的问

---

① 维吉尼亚·萨提亚、简·伯格 玛丽亚·葛莫利著,聂晶译:《萨提亚家庭治疗模式》,世界图书出版公司北京公司 2007 年版。

题解决了。就是这样一位让人感动的老师，因为性子比较急，遭到了一位女生家长的投诉，说是老师太凶，孩子吓得不敢来上课了。我通过了解，发现这名女生心理存在一定偏差，于是我找这位老师谈心。她是充满戒备地听我说完"投诉"一事，然后又满是委屈地对我诉说在这个女生身上付出的心血。这时，我没有责备她的行为，而是非常肯定她对学生的尽责尽心，肯定她所做的一切是为了学生，然后我用"探讨"的口吻与她"商量"面对心理偏差学生的教育方式。谈话的结果可想而知，我也从今后的工作中发现了她对学生的态度和行为都有了明显转变。

在很多情况下，学校历史都不是以正式的成文方式传递的，它们通常以更加柔性的方式，特别是以我们经常听到或看到的故事、事件等方式传播，使师生员工在不断回顾历史的过程中形成共识，是学校文化建设的有效推动力量。然而，学校在历史发展过程中，不仅仅取得了可喜的成绩，也会不可避免经历曲折。不论积极的还是消极的，直面历史的人都能够将它们转化为自己的自信和前进的基础。① 从学校传统中挖掘出来的东西才能深入人心。原有学校中教师的认同感、满足感是建设优秀学校文化的重要组成部分。

二、组织文化：营造价值认同的氛围

组织文化作为一种自组织系统，往往被视为利用文化手段构建全新的文化的一种管理模式，它能协调人际关系，增强组织凝聚力，培养团队精神，引导成员走向共同目标，在管理中具有重要意义。因此，如何构建一种强劲、优秀的学校组织文化就成为整个问题的核心。

---

① Deal，T.E.，and Peterson，K.D.（1999），*Shaping School Culture：The Heart of Leadership*，SanFrancisco：Jossey-Bass Inc.p.53.

（一）变革组织机构，端正干部思想作风

1.变革组织机构，理清每个岗位的职责

学校组织结构是指学校为了有效实现学校目标而筹划建立的学校内各组成部分及其关系的一种形式，依次可确立学校各成员之间的沟通方式、工作规范以及学校领导人员的权利责任范畴。合理、科学地设置组织机构，是构建优秀的学校组织文化的基础，是形成学校价值认同的重要前提。原有组织机构按照传统建制，包括教务处、政教处、总务处、人事处等部门，它们更多的职责在于理"事"，处理日常事务，而鲜有思考和规划，更谈不上文化建设了。当"让优秀成为一种习惯"办学理念提出之时，正值一批老年骨干教师的到龄退休、青年骨干教师的提拔升迁（两位中层干部升任副校长），中层干部队伍出现了数量和质量上的空缺；又值 2009 年即将回归公办，正是梳理整合机构、培养干部的大好时机。因此按照现代学校建设的要求，为了更有利于学校的特色发展、教师的专业发展和学生的个性发展，提高管理效能，保证学校管理的自动化和高效化，UN 学校的组织框架即部门设置坚持以促进师生共同发展为核心，按照"服务、发展"的原则进行调整。

20 世纪 80 年代末期，被《经济学人》称为"管理大师中的管理大师"的世界著名管理学大师彼得斯指出等级结构成为制约企业发展的瓶颈，采用扁平化的组织结构，不仅能大大降低企业管理过程中的协调费用，也可以提高企业应对市场行情的反应速度和满足用户需要的能力。组织机构设置就是明确规定谁应该做什么，谁需要对结果负责，能够消除由于分工不清而导致的决策执行过程产生障碍，提供信息沟通网络，以支持学校的共同目标和决策。在组织机构设立后，学校开始在教育实践中制定各种规章制度，如人事制度、教学管理制度、教师评优制度等。学校将内部机构统整为四个中心，分级管理，趋向扁平化。四个中心分别为行政事务中心、教师发展中心、学生发展中心、教育教学服务中心。每个中心组成后迅速开展工作，制定出本部门的规章制度、岗位职责。如：行政事务中心，梳理制定了《教职工评优评先方案》、《"四期四

奖"评选条件》、《文书档案管理制度》、《印章管理制度》、《教职工请假制度》
等;教师发展中心,先后制定了《岗位职责实施细则》、《教师忌语》、《教育教学
事故认定条例》、《教学评价体系》、《课堂教学指导准则》、《课堂教学常规基
本要求》、《青年教师培养规划》、《教研组长、备课组长考核条例》等;学生发展
中心,完善制定了《UN 中学学生手册》、《学生在校一日常规》、《学生正式组
织建制》、《班主任、年级组长考核条例》等,并初步建立"UN 中学校本课程"
框架与体系;教育教学服务中心,制定了《校园安全应急预案》、《财务管理制
度》、《物品申购制度》、《资产管理制度》、《门卫值班制度》、《车辆管理制度》
等。作为师生员工的行为规范,学校相关制度规定保证了师生员工个人活动
的合理开展,同时又是维护师生员工共同利益的强制手段。从学校文化变革
的角度来看,需要赋予其制度以精神文化,特别是在具体规定条文中突出展现
出学校的发展目标追求、价值观念、素质要求、作风态度等精神文化,赋予制度
以灵魂,使学校规章制度的影响深入到学校每一个成员的内心并发挥作用。
如此,重组机构,建章立制,有利于统一思想和行动,有利于师生的发展,有利
于形成共同的价值追求。

2. 重组干部队伍,适才而用

新的组织机构建立后,通过考核考评及竞聘上岗等形式,组建充实干部队
伍。为了完善能上能下的用人机制,也为了营造比优赶学的竞争氛围,我们进
行了学校有史以来第一次的中层干部公开竞聘。

[案例29]落选的"老干部"

2009 年 6 月,经过全校性广泛发动和动员,进行中层干部公开竞聘。
事先我们申明,按照自愿、公平原则,所有教职员工都有竞聘资格,递交竞
聘申请后,统一由学校组织竞聘演说,然后由全校教工公开投票选举。当
时中层共设八个竞聘岗位,共有十二人报名(其中六人为原有干部,六人
为新人)。最终根据选票,八人当选,四人落选。其中落选的有一人为当
了多年中层干部的老教师,她的落选,既让我感到意外(她一直是老好人

的形象,我们原本以为她人缘不错),却又在意料之中(老师们对干部的评判还是以实绩为重)。事后,我们对这位老师做了很多安抚工作,以"年龄大"为由给她"下台阶",同时让她享受教研组长待遇,负责社团工作。

在干部竞聘的过程中,出现了一个"插曲",有一位中年干部自动弃选,弃选的理由是家里更需要她的照顾。我们的解读是,她没想到这两年当干部如此劳累,自己觉得不适合做干部;也可能她还担心自己会选不上,与其"落选",不如"自动放弃"。

新中层班子组建后,我们根据个人性格特点进行了岗位调整,尽可能地把合适的人放在适合的位子上。比如,原来的团委书记性格内敛,言语不多,可是文笔较好,挺有思想内涵,因此让她"转岗"担任教师发展中心副主任,分管教科研工作;而团委书记一职则由一位性格活泼,擅长策划活动的"新人"担任。以后的工作成效证明,这样的岗位调整,各取所长,各得其所,力求做到管理效益的最大化。

3. 倡导"四气",加强干部队伍思想作风建设

干部思想作风受环境文化影响较大。原来学校氛围是干部不会、不敢、不用承担责任,几乎所有的矛盾都直指校长一个人,中层只要"讨好"老师,做老好人,这样布置工作貌似更顺畅;一旦校长追究,部门之间互相推诿,往往不了了之;原来大多数干部"土生土长",由本校提拔,处理问题有时难免"一碗水端不平",给群众的印象是有远近亲疏之分。久而久之,干部处理问题能力日益欠缺,更谈不上发现问题了。

干部思想作风同时又对学校文化起着引领、表率作用。因此,新班子组建后,通过行政会议、中心组学习等平台,我提出干部要倡导"四气"作风——正气、大气、雅气和呆气。"正气"就是以德为先,是一种一切以工作为重,主动服务老师的"志气",是一种坚持原则、不怕碰硬的"勇气",是一种求真务实、开拓进取的"锐气",是一种严于律己、品端行正的"净气",只有做到正气在身,才会催生鼓舞人心的向心力,才会迸发遏制歪风的阻挡力,才会激发奋发

有为的战斗力,才会辐射正己示人的感召力,才会推动学校文化不断朝良好方向发展;"大气"就是"公字当头",要诚信待人、宽厚待事,做到有容人之心、容事之器、容己之能,如此才能宽厚大气,才能化解矛盾、冰释前嫌,才能凝聚人心、鼓舞斗志;"雅气"就是读书修身,自觉地防止和克服一些俗气;多交一些良友、益友和诤友,多读一些书,多做一些深入思考,培养高雅的、健康的、向上的生活情趣;"呆气"就是任劳任怨,甘于奉献。同时我还倡导"沉得下去(深入一线)浮得上来(发现问题、解决问题、经验总结)"的理念和行为。

所有这一切,还仅仅停留在理论和要求的层面,只有与实际工作相结合,才能产生效能。于是我紧紧抓住"反思"这一环节,要求群体"每活动必反思"、个体"每事必反思"。我们通过工作中的成功与失败案例分析,明确今后努力的方向。一开始,出现一个非常有趣的现象,"老"干部总是蜻蜓点水,避重就轻,所谓案例无非是不重视学习、能力有限等放之四海而皆准之类,有的甚至在讲失败案例时不是反思原因,而是在解释、开脱;而新上岗的干部非常领会意图,剖析自己一针见血。如此反差,更坚定了我对干部作风建设的决心。

[案例 30]一个新干部的反思

小 W 是一位务实、正直、有目标追求的青年教师,在干部竞聘中以高票当选,任命为教师发展中心副主任,分管教学工作。第一次的反思会,小 W 通过回顾、梳理新上任以来工作开展的状况,发现自己忙忙碌碌,"疲于奔命",最终还是百密一疏,总有环节出现纰漏。经过深刻检讨、反思,他找到了解决问题的良策,就是在每一次的大型教育教学活动前,精心设计好"工作流程",注明责任部门、责任人以及准备工作完成的时间节点,这样既能责任落实到人,又提高了工作效能。其他部门纷纷效仿,"工作流程"这个环节成为了各部门组织工作的常规项目。小 W 由于工作细致、善于动脑筋,赢得了大家的好评。

本人在"反思总结会"中给予小 W 极高的评价,赞赏他敢于剖析自己、直面弱点的勇气和气度,是值得大家学习和借鉴的。此后的"反思会",逐渐不再平淡乏味,增添了许多色彩和味道,是文化的色彩,文化的味道。可以说,小W的"反思"及项目改进,犹如一颗小石子投进了平静的水面,泛起的涟漪越来越多,越来越大……

我们还召开案例分析会,通过工作中的成功与失败案例分析,总结得失,提高自身发现问题、处理问题和主动解决问题的能力与水平;召开优缺点分享、改进会,定期对自身的一个优点及一个缺点进行分析,自己提出发扬优点、改掉缺点的举措,半年后回顾总结。

[附]当时的会议记录

管理工作中成功与失败的案例分析(2011 年 4 月 11 日行政会议记录)

(1)校长发言——

成功案例:

及时解决一位数学青年教师解聘危机和一位物理老师的转岗问题(两个案例在第三章、第四章均有表述)。这两件事的成功解决,取决于两点:一是我们当事者临危不乱,反应敏捷;二是善于"草船借箭",一箭双雕。这是考验管理者危机处理的能力,有"危"就有"机",要善于转危为机。

失败案例:

在处理数学张教师的过程中,方法欠妥,急躁了点,没有更多地考虑老师的感受,贸贸然批评导致老师产生情绪。这个案例很失败。主要原因在于我还没有完全了解老师的个性,还没来得及走进老师的心里。只有做到知己知彼,才能较好地化解矛盾,解决矛盾。(案例详见第二章:"受委屈"的骨干教师。)

(2)分管教学副校长的发言——

失败的案例:

与老师沟通时,反馈不及时。如美术生家长会,我让美术老师做一个PPT,当发现未完成时,心里有犹豫没有及时指出,在细节上安排的不够细致。如何提升每个人的责任意识,管理更上品位,是我今后要进一步思考的方面。

(3)总务主任发言——

成功的案例:

在食堂管理中,一开始与食堂管理员关系有点紧张。后来通过不断沟通、协调,我试着去学会用欣赏的眼光来看待他,在工作上为其提供便利,现在沟通更顺畅,食堂工作人员的服务质量较之以往也提高了许多。从中我明白不要吝啬对他人的肯定,会使工作更顺利。

(4)分管教学的教导主任发言——

成功的案例:

①工作流程的明确,将教师的事当成自己的事,不仅提升管理质量,更多的是提升了教师的责任,帮助其成长。②质量分析,务实不务虚,使教师分析的主动性加强,质量分析更具实用性。

(5)团委书记发言——

成功的案例:

文化体育节志愿者活动中,为学生搭设一个力所能及的平台,让一些平时不出彩的学生得到更多的认可,关注"小人物"的悲喜。

失败的案例:

有时会有"想当然"的情绪,如班、团例会让学生做会议记录,没想到讨论了许多事,却只记了两三句话,最后通过培训让学生学到更多。

(6)人事干部发言——

失败的案例:

与财务关系较为紧张,这必然影响工作质量。在工作上会再细致些,发现问题早点解决,避免引发矛盾,把好关,对学校、对校长、对教师负责。

(7)分管德育的教导主任发言——

以文化体育、艺术节为例。

成功的地方:①能充分调动师生积极性,让能者尽其职,从单一到多元。②尽力发挥学生的组织和管理能力,让他们充当校园活动的主角。

③作为管理者,做好组织、协调和保障,发挥相关教师和组室的最大智慧。

失败的地方:①重点不突出,细节抓不住;重点——校标解读,细节:闭幕式走场的协调、分工。②在遇到问题时,应急、应变能力,容易让老师产生误解。

由本人带头,每一位干部畅所欲言,只有反思过才能提出要发扬的优点和改进的缺点;只有拿出勇气剖析自己,才能不断改进和进步。当然,我们还通过教育教学工作专题研讨会,如:师资队伍专题、教研组建设专题、家常课听课评课专题等,以此规划下一阶段工作的重点和抓手。

目前,UN 中学已经组建了一批年龄、性别优化组合(平均年龄 38.8 岁,男女各占 50%)、性格互补、团结上进、敬业奉献的干部团队,形成了管理有序、和谐合作、反馈渠道畅通、评价较为科学公正且具有激励作用的管理运作机制。学校制度是学校在管理实践中探索、选择、积淀下来的管理思想和管理理念,是经过验证的规范精华,充分展示了学校的制度文化。① 在制度文化形成的过程中,沟通起到了重要作用,学校成员不是单纯的物质利益追求者,还有精神层面的需求,如对学校发展的愿景、学校的归属感、认同感、参与感及荣誉感等等,这都依赖于有效的组织沟通。优秀学校文化的理念可以为学校成员所认可、并与学校制度进行整合,形成我校独特的制度文化。

(二) 营造温暖安全的心理港湾,增进归属感

如果说,从干部聘任到岗位职责等方面建立的一套相对完整,相互呼应的制度体系,是为了营造公平的氛围;那么,开办"好吧"沙龙,定期开设心理讲座,则是为了构筑教工心理安全的港湾,增进教工的归属感。教师之间的相互关系是学校文化不可或缺的有机组成部分,不仅体现着学校文化的特性,也影响着学校文化的建设。

1.开办"好吧"沙龙,让女教师先笑起来

在 UN 中学,由于历史的原因,女教师占绝对多数,尤以中老年女教师偏

---

① 范国睿主编:《多元与融合:多维视野中的学校发展》,教育科学出版社 2002 年版,第 217 页。

多(超过70%),考虑到这个年龄段的女教师压力最大(来自教学、健康、家庭等方面),最容易产生职业倦怠,于是我们开设"好吧"女子沙龙(意思取自"女子为好"),邀请礼仪专家、服饰美容专家、婚恋专家等来校讲座,定期为女教师答疑解惑,排解烦忧,大家受益匪浅。所有"好吧"的培训都不一定是关于工作的,但又都与工作息息相关。

[案例31]"丽人节"的美丽邂逅

2009年"三八"妇女节,风和日丽,学校精心策划了这一专门针对女教师的庆祝活动,美其名曰"丽人节"好吧沙龙,并邀请原"年轻几岁"节目特约形象设计师陈女士为大家讲座。陈女士从女子的仪容仪表谈到女士内衣的穿着、眼镜的佩戴、营养品的选择等关乎女性美丽的话题,并当场示范,为女教师画淡妆、盘头发,瞬间形象大转变,魅力大提升,使大家眼前一亮:原来我也可以如此美丽!于是,大家纷纷向陈女士讨教作为女教师、女人的穿衣打扮技巧。当得知陈女士已经超过35周岁时,大家惊叹不已,领悟到得体的打扮确能增加自信,提升魅力。这一场美丽邂逅,为女教师打开了一扇窗,一扇通往关注形象、关注健康的美丽之窗。也许,改变就在不经意间,我们的学生,我们的同事,我们的家人会在不知不觉间感受女教师特有的美丽。

2.开设各种心理讲座

要让女教师真正笑起来,除了外表的自信,更重要的是内心的强大,这样由内而外营造温暖安全的心理港湾,增强教师的归属感和认同感。

[案例32]"羽凡"心声

在邀请美国学校心理咨询师赖羽凡老师讲座时,一位老师反复向赖老师请教婆媳关系问题,还有一位老师请教更年期问题,这些问题一经提出,马上引起共鸣。赖老师一一支招,老师们受益匪浅。这些问题貌似与工作无关,但是困扰老师的生活问题往往会转化为对工作的态度问题。

只有唤起老师对自身的关注,才会有更多的爱流向学生。

基于这样的想法,后来成立"青年研究学会",把目光投注于青年教师,提升青年教师的心理归属感,从而加快成长。这一点将在第四章中给予论述。

(三) 开展丰富的活动以展示"优秀"的文化

人是习惯的动物,总在不自觉间为强大的惯性力量所左右。无数例子证明,伟大的习惯可以助人成就辉煌,不良的习惯可以败坏人的一切。因此,学校的意义就在于营造一种环境,给予养成习惯的机会,把师生引导到"优秀"的习惯中去;尤其对于学生,想让他们为成功的人生奠定基础,就应该让他们从了解习惯,努力塑造优秀的习惯开始。因此,UN中学展开了一系列关于"优秀"的宣传和讨论。

1. 密集宣传"优秀——习惯"的理念

学校文化建设不能只满足于确立使命与理念,更重要的是要使学校使命和理念扎根在学校人员的心里。学校作为一种组织,没有传播,学校文化不会产生,没有传播,学校文化也难以延续、变化和发展。学校文化的传播总是要借助一定的符号,通过一定的活动去实现的。利用各种宣传手段,使"让优秀成为一种习惯"教育理念深入人心。无论是学校一进门的大屏幕还是四周的橱窗,都展示着学校的办学理念;大会小会,各种仪式上,诸如文化体育节、文化艺术节等,都围绕着"让优秀成为一种习惯"这样一个大主题展开。各种各样的活动,也以此为宗旨而展开。耳濡目染的学习,让每一个人都牢记学校的理念,始终把此作为我们整个学校的座右铭。

2. 抓住"身边的榜样"展开生动的讨论

文化既是价值行为的抽象,但又是可以用生动的行为来阐释的,因此学校深刻地认识到,发掘、展示活生生的身边榜样,在学校朝夕相处的环境中"举例说明"的教育性与重要性。

在讨论中,有的对"优秀"范畴进行归类,有的对形成优秀习惯的做法展开讨论,有的对"优秀"形成的途径进行剖析……正是在这一次次的讨论中,"让优秀成为一种习惯"的教育理念深入师生的心中,成为 UN 中学师生的"流行语"。2008 学年,学校在师生中开展了"身边的榜样"活动,向师生征稿,对身边每一个人身上优秀的习惯加以阐述,广大师生踊跃参加。通过这项活动,师生发掘身边同伴的优点,并把他们的优点放大,成为自己和他人学习的内容。

有一位老师这样写身边的榜样:

作为一名优秀的语文教师,他不仅教学功底扎实,而且有着丰厚的文学底蕴。想尽方法调动学生学习的积极性,设计小组竞争等策略让懒散的学生也兴致勃勃地参与课堂。每周批注学生的周记,对作业中反映出来的学生学习问题,他总能引起足够的重视,并制定对策,及时解决。例如,他曾经以班级默写互换改写比赛的形式,激发学生好胜心和班级凝聚力,一些平时难得看书的学生也能合着书背得朗朗上口。

作为一名优秀的班主任,他坚信着教育无小事,坚信着没有爱,就没有教育,坚信着仁爱学生。他把"教书"和"育人"工作的每一个细节做精做细,落到实处,以给学生创造一个快乐温馨的班集体为目标,公平、开明又不失规范的引领班级发展。班级能够自我管理的情况下多次组织班会、校级活动,他的班干部都能主动积极的筹备,班级学生踊跃参加,乐在其中。例如,艺术节班级合唱未能进级决赛、军训中三分之一的学生得流感但仍完成会操演练等任务,这些点点滴滴的小事和缺憾,都成为汪老师育人的契机。而最让人钦佩的是汪老师对学生心理的把握以及和学生交流的方式,就学生问题一针见血、及时对症下药而非空洞的说教。

作为一名优秀的年级组长,他总是第一时间了解掌握各班学生特点和个别突出学生情况,发现潜在问题,从不同角度、不同渠道发现年级工作中的问题和漏洞,根据学校各处室的工作计划、管理要求和老师意见协调年级工作。因此经常能看到汪老师一大早先汇总晨检、学生出席情况，上午便在处理某个班级的突发事件，下午又在发放学校工作通知，还忧虑着可能发生的不确定暗涌。同时对我们这些年纪轻，工作经验不足的新教师，常常提供宝贵的班级管理经验，提出中肯的意见，毫不吝啬地为我们出谋划策，让我们在教育教学上少走弯路。例如在处理我班级学生早恋问题时，汪老师指导我如何引导学生思考而不是硬堵这种现象。不难发现正是因为汪老师这位年级组长的妥善管理，我们年级才能团结一致，奋进发展。

汪老师的爱生敬业的故事远远讲不够，每个认识汪老师的人都能滔滔不绝地讲述汪老师在教书育人中的闪光和卓越，每一次和汪老师的交流都让我受益匪浅，反思自身教育教学上的不足，在这样一位朴实、睿智、全身心付出的默默耕耘在教育工作得优秀教师前，总让我有种自惭行愧而又以之为目标努力的激情。

从以上的论述不难看出，汪老师的确是个爱岗敬业、乐此不疲的好榜样；更可喜的是，撰文的是一位初职教师，通过观察、领悟、学习、反思，发现并挖掘了"身边榜样"的优秀习惯给自己带来的帮助和工作热情。长此以往，以点带面，日积月累，也许就能成为优秀的文化，大家认同的价值取向。

高二某班级，开展"'让优秀成为一种习惯'——靠自律还是他律"的班级辩论赛。在辩论过程中，学生们都一致肯定了养成一种优秀习惯对于高中生的重要意义，并各自解析了形成优秀习惯的途径。

有支持"优秀习惯要靠'他律'"的同学说：我们平时的一举一动要受到一定的要求和约束，否则任何事情都毫无秩序可言。而我们作为在校的学生，处在思想不能完全成熟的决断，所以必须要有各种纪律和规则来要求我们，告诉我们该怎么做不该怎么做，只有这样的"他律"，才能使我们养成"优秀"；也有支持"优秀习惯要靠'自律'"的同学说：如果每一位同学都能够加入到自律者这个行列中来，就会发现身边的事物、环境都会大大的不同。自律并不仅对我们现在的学习有益，在几年后，当我们陆续结束自己的学生生涯走上社会的时候，会发现它对于我们今后在社会上的工作和生活也有很大的影响。

通过这样的辩论,不仅仅让学生解析了"让优秀成为一种习惯"的内涵,而且对追求优秀的途径,学生们也展开了讨论。通过讨论,学生们得到了多种养成优秀习惯的方法,这样"让优秀成为一种习惯"的教育理念逐步深入到UN 中学师生的内心。

在全校性大讨论之后,明显感觉到学校氛围的变化。为此,我们趁热打铁,组织了一次"工作+休闲"的黄山旅游。游程中召开一次"让优秀成为一种习惯"的教育教学主题论坛,后来被老师们戏称为"黄山论剑"。这次论坛,由笔者亲自主持,一来发挥我善于调侃的优点,可以活跃会场气氛;二来在每一位发言者之后,我都适时进行激励性点评,鼓励大家踊跃发言。整个过程持续了近五个小时,氛围极好,一些开会从不发言的老师、一些年轻的很少有发言机会的老师都踊跃发了言,就连后勤人员都听得津津有味。

有年轻班主任谈到新生代的管理问题,尝试用网络与学生进行沟通,试图拉近师生距离。她认为:网络是把"双刃剑",我们不能因为担心学生沉迷网络游戏而一味抵触、阻止学生接触网络;如果我们善加利用,把教育工作与现代网络结合起来,利用其平等性、开放性和互动性的特点,让其成为老师与学生交流的宝地,这样不仅不会给我们带来麻烦,还能帮助我们更好地开展教育教学工作,会让师生间的交流更自然,让我们更了解和理解学生吧!

有一个平时脾气比较急躁的老师说:我相信"吾日三省吾身"一定会让班级的同学以及我养成一个优秀的习惯,我一直相信,我是和学生一起在成长,他们终有一天会成为一个优秀的高中毕业生,而我也终会有一天成为--个好老师,我一直这么相信着。

有一位老班主任说:"感人心者,莫先乎情。"情感是班主任语言符号传递信息的重要内容之一,必须讲究语言的情感性,要让学生在师爱的沐浴下轻松快乐地学习、生活。即使他们违反了纪律,老师严厉批评时,也要动之以情,晓之以理,更要让他们明白老师是关心你、爱护你的,是为你着想才如此严格要求,这样。在"严师"面前他就不会产生逆反心理或分歧情绪,使得"良药"不苦口,"忠言"不逆耳,理解老师的一番良苦用心。

论坛的尾声,一位中年骨干教师发出如此感慨:这次"黄山论剑",大家都是发自内心的真情表露,有担忧,有困惑,更有思考,有奋进!是一次非常务实的高端论坛,这完全颠覆了以往会议指定几个人发言、"形势一片大好"的模式。

这次"黄山论剑",如果说大家在讨论中对工作中的"优秀"更加明晰,对今后工作的方向更加明确,那么作为笔者,一校之长,收获远不止于此。本人深切感受到,"优秀"是大家内心都希望去达成的目标,关键在于组织文化核心作用的发挥。这更加坚定了我执着于"让优秀成为一种习惯"办学理念的实践和探索。于是,本人适时勾画出了 UN 中学的共同愿景——"让校园更有朝气,让师生更添智慧;让校园更具美感,让员工更加和谐"。

3. 解读校标校训,稳固"优秀"的认同感

校标是一个学校的形象标志和特色象征。校标可以直观形象地显示学校的个性特征,给人们留下强烈的视觉感受,形成对学校的概括性认识。简练、醒目、新颖、美观、典雅、庄重的校标蕴含着学校的办学理念和目标追求。一个好的校标,不仅能促人奋进,还能提升文化内涵,同时校标也是学校的宣传窗口和形象大使。为了彰显校园风采和办学特色,培养师生以校为荣,爱校如家的情感;为了更好地激发干群团结协作,拼搏进取的精神;同时更为了让大家对"让优秀成为一种习惯"的办学理念从参与,到习惯,到认同,从而逐步稳固下来,成为学校固有的行为表现。

于是,我们发动全校师生共同设计自己的校标,从中挑选优秀作品,请艺术老师进行融合、美化、加工。最终的作品实际上是集全体智慧的结晶。

在全校上下共同欣赏、品味新校标的时候,我们又借校文化艺术节的东风,发动师生开展解读新校标的征文活动。值得欣慰的是,所有师生踊跃参加,就连门卫职员也加入了征文的行列,他们说,虽然我们没啥文采,但我们有热情;虽然我们即将退休,也要在新校标中留下一点心意,一点回

忆……面对这些质朴的文字,我读出的是广大员工对学校的热爱,有了这种爱就有了认同,有了归属。大家参与的过程就是逐步消化、领悟、认同的过程。

以下摘录部分"解读"征文:

　　校标中一个大红柱形犹如一个傲首昂视的阿拉伯数字"1",象征着全校师生拼搏进取,勇夺第一,力争优秀的目标追求;正如那鲜艳的红色一样,象征着阳光般的朝气与活力,给人以积极向上乐观豁达的态度。而萦绕的黑色"S"昭示的是附中人工作学习要严谨认真,一丝不苟,来不得半点马虎敷衍。

　　两者巧妙结合融为一体,象征着附中人的求索精神,既要有争做第一的志气,又要有争做第一的勇气,还要有不断战胜挫折一往无前的豪气,最终实现"让优秀成为一种习惯"的理想。

通过校标的精心设计与解读,使学校文化以比较直观、形象的方式传递给师生员工,不但增强了校园凝聚力,而且师生们的目标追求及共同愿景更加清晰明了,增加了师生们的认同感。

校训是办学理念的核心概括,是师生共同遵守的基本行为准则与道德规范,是学校当前办学目标和未来发展方向的高度概括,也是学校文化建设的重要内容,是一所学校教风、学风、校风的集中表现。校训是学校精神的凝聚,不同的学校有不同的传统与精神,校训最能反映一所学校的特色和精神。校训本身也是一种文化,是面向师生和社会的精神标志。校训因其对师生的感染作用、引导作用和激励作用,在学校文化建设过程中应得到高度的重视,经过多方协商,我校校训确定为"心远、笃行、勇毅、坚卓"。从一所学校的校训能管窥其文化建设的理念与追求。笔者对自己教育管理实践活动的经验和教育进行反思、总结和提炼,使其上升到理论高度,校长应重视对自己教育管理实践活动中的经验和教训进行反思、总结,尊重教育规律,从而提炼出"让优秀成为一种习惯"的办学思想和教育理念。

三、教师文化：走进心里，激发热情

沃勒（W.Waller）是最早提出"学校文化"这一概念的美国学者。1932年，沃勒在他的《教学社会学》一书中首次使用了"学校文化"一词。批判非人性化的教师，提出必须恢复教师的人性①。优秀学校文化中的教师文化必定是在尊重教师人性的前提下建立的。

教师文化是教师在教育教学活动过程中形成与发展起来的思想理念、价值观与行为方式。学校文化建设的成功离不开学校教师和学生的共同努力，并且只有当学校理念外化为学校全体师生员工的外显行为时，学校文化才称得上初步形成。但是，在日常生活中，每个人都有自己熟悉的范围和习惯的经验，人们在这个范围和经验领域内活动时才会觉得安全、舒适、稳妥，而不愿理会外部环境的变迁。然而，作为价值观层面的学校文化的变革，不可避免的需要教师改变固有的、不合时宜的价值观念和行为习惯。因此，变革"优秀"的教师文化，就要从教师的学习入手，从教师的职业态度，教学观、学生观入手。换句话说，就是营造学校内部一种优秀的"教风"，在"让优秀成为一种习惯"的办学理念下，UN中学逐渐形成"身正、学高、求索、致用"八字教风。

（一）加强培训，研究教师及学生的心理状况

如前所述，由于应试竞争、狠抓分数，在转制阶段，但凡与学科成绩无关的教师活动，大家并不关心。UN中学教师除参加区里规定的教研活动外，几年来很少接受外来培训，更别说现代的教育理念。老师们只是从自己的感受出发，觉得学生们的质量越来越差，一届不如一届。因此，对学生的期望与现实发生很大的落差，这种"落差"极大影响了老师的情绪和心境。如何尽快让老师走出这种困境，我们精心筹划、组织一系列心理讲座，以期让老师能够面对

---

① Willard W. Waller, *Sociology of Teaching*[M]. New York：John Wiley，1932.

现状,了解学生,悦纳学生。

我们邀请华东师范大学青少年研培中心主任张麒老师做"不一样的 90 后"讲座。华东师范大学青少年研培中心是上海专注于青少年工作的团体,对现代青少年的特点有相当严谨的研究。这个讲座试图引导教师从宏观的角度去了解当代学生的特点。之后,教师们感叹说,现在的学生与我们那个年代,甚至与我们的孩子相比确实存在很大差别;看来真不能用原来的眼光看待现在的学生了。

我们邀请心理学博士叶斌老师做"新生代的心理与教育"讲座。叶斌博士多年来从事青少年心理健康教育工作,又经常受邀为企业高管做新生代的家庭教育与管理工作,对当代青少年心理有比较精准的把握。

我们邀请学校心理专职老师做"个案分享:我拿什么来爱你,我的学生"的讲座。心理老师从身边学生案例谈心理疏导的作用,其间有成功案例,也有失败教训。由于这些学生都是教师们熟知的对象,所以讲座的针对性特别强,在教师心里激起的波澜也特别大,尤其是心理老师最后的总结陈词,画龙点睛,道出了师师合作、师生和谐的"爱"的真谛——

1. 了解我们的工作对象,读懂他们行为背后的需求及渴望。

2. 教育既是艺术,更是科学。如缺乏艺术魅力,寻求科学精神补足。

3. 负面情绪可以被接纳,正面能量才能滋长和流动。关心学生的情绪也能带来生产力。

4. 老师之间的合作所构成的合力既可以缓解老师的压力,也为更好地帮助学生提供了可能。

5. 只有自身业务水平的不断提高,才能够更好地诠释对学生的爱。

我们还邀请专业人士对教师们培训萨提亚个人成长模式。教师的个人成长与教师的行为密切相关,因此教师的个人成长对年轻老师和年长教师同等重要。萨提亚模式抛弃对人的道德评价,强调了解人不能只看行为,要学会了解人类行为背后的需要和动力。对教师来说,学习萨提亚模式本身就是成长,对教师本人来说如何看待自己对学生的行为,如何进行情绪管理等都有益处,对教师了解学生背后的需求也有帮助,同时能更好地理解学校的文化建设。

为了进一步促进教师对学生心理的了解和把握,我们针对生源处于全区后 20%,且学习困难学生较多的现状,经过多方论证,我们确立了《普通高中学习困难学生课堂学习心理分析与调适策略探究》的全校性课题,分学科对我校学习困难学生课堂学习心理的成因开展了调查分析,进而从主题教育、课堂教学、学科渗透等多角度、有针对性地在我们可控的范围内进行调适策略的实践研究。整个研究以"个性化的教育教学计划"和"多样的教学组织形式"探索为并行主线,以详实的调查资料和典型性的案例为研究基础,初步达到了预期的目标。通过研究,老师们发现,学习困难学生的心理需求是强烈的,对这些学生的不良学习心理进行分析与调适探究是非常必要的。在研究的过程中,老师们达成了两种共识,一是要改变学生,首先要转变老师。要求教师有一颗炽热的心、一番温馨的情、一种暖人的行;其次,要转变学生,关键在于优化心理。我们倡导"自尊+自信=自强不息"、"活泼-随意=严于律己"、"热情×兴趣=积极向上"、"求知÷被动=自主探究"。虽然,研究的成果与具体的实践之间还有距离,但我们看重的是在这过程中教师行为的改变,大家开始关注学困生心理,能够对学困生更多一些关爱、多一些耐心。这样,师生之间的关系得到大大改善,课堂变得活跃了,我们所追求的和谐共情的文化氛围正在逐步形成。

(二) 搭建"守望成长"论坛以展现教师的内在美德

面对生源质量的改变,老师有彷徨,有困惑,有牢骚,实属正常;在彷徨、困惑、牢骚之后,大家依然执着于管教学生,提升成绩,默默奉献,这是非常可贵的教师精神体现;我们还发现,越是责任心强的老师越是"反应"强烈,因为焦虑,因为付出与成绩的回报不成正比。笔者有感于这部分老师对教育、对学生的殷殷之情,这不是用制度规制、管卡压手段能够达到的,只有以正面的激励方法,搭设一个平台,让教师中平凡的、默默的、隐形的优秀行为得以发扬光大,才能在抚慰教师心灵的同时,指明努力的目标和方向;同时,要让这些优秀的行为产生"滚雪球"效应,辐射、引领越来越多的教师走向"优秀"。于是,本人酝酿组织了以"用爱与智慧守望成长"为主题的教育教学论坛。这个主题主要想表达三层意思：首先，我们承认生源质量大不如前，但我们要勇于面对现实，坦然接受现实，要用教师的爱与智慧"守望"学生成长，这是"悲壮"的事业，但也是光荣的使命；其次，"守望"是一个过程，这个过程需要全体师生共同的努力，我们不放弃、不抛弃任何一个老师和学生，"守望"的过程就是师生共同成长的过程。

经过宣传和统一思想，我们陆陆续续举办了六次论坛，有三十余位教师进行了经验分享。

［案例 33］"我很庆幸在十七岁时遇到了你"

小孟老师是第一个走上论坛的老师，她给我们讲述了一个动人的案例：

小惠是班级的团支书，对美术有兴趣也有天赋，但自小父母离异，家庭条件不理想。高三填报志愿时，她曾一度因为学费高昂的原因想放弃报考理想的艺术类本科院校，就只报考一个普通的专科院校。孩子说："我要是考上了，爸爸妈妈也不会愿意帮我付学费的，没有人会在乎我的。"

我知道后找到了小惠的家长，说服他们尊重孩子的意愿，希望不要因为一时的困难而使孩子留下一生的遗憾，更表示就学费问题自己愿意和他们一起想办法。通过努力，小惠的家长最终同意了孩子的要求。我找小惠谈了话，答应在她大学期间每学年为她提供 1 万元的"免息贷款"，等她参加工作了再分期归还，更希望她能够自立自强，要尽一切的努力为自己的人生负责。最终小惠选择了一个理想的艺术类本科院校。

2011 年 9 月，已经进入大学学习的小惠回到学校看望老师时动情地对我说："老师，如果我没有在 17 岁时遇见了您，我可能已经放弃了我的理想和追求，以为这个世界上没有人真正关心我。但是现在，我很清楚有人在为我努力，我更要为自己努力，除了好好完成文化课外，我也会通过勤工俭学的方式尽量自己凑齐学费，为自己的人生努力。"

看着神采飞扬的小惠,我突然觉得能做一名老师真好,这是一个能帮孩子寻找人生坐标的职业,是能在孩子重要的青春期中成为幸运存在的职业,是让孩子在选择中感受到爱的职业。如果可以给孩子一点爱,那么就能清晰地感受并参与孩子的成长,真好。

[案例34]"毛毛虫破茧而出的那天便是最耀眼的绽放!"

刚刚走上讲台两年多的小蔡老师,和我们分享了自己带班的故事:

进入普通高中的孩子总有些自卑。我班的学生近三分之一来自或低保或离异或单亲或伤病家庭,父母文化程度普遍不高,家庭教育失效更是共性,学生们在学业上或是其他方面总觉得自己比不上市区重点的学生,自信不足却守卫自尊是最显著的特点。因此,让学生感受到学校班级是能给予他们能量活力的来源,吸收知识养分的园地,能自由快乐成长的天地,是帮助学生树立信心,健康成长的内在力量。

"毛毛虫破茧而出的那天便是最耀眼的绽放。"是我送给学生的见面语。人们常把老师比喻园丁,把孩子们比喻成花园中的花朵,在我看来并不贴切。学生的成长与其说是像花儿一样被动的一味接受园丁的照料,更像菜园里的毛毛虫,哪怕有肥沃的土壤仍需要自己去吸收,哪怕是再舒适的环境仍无法避免化蝶时的艰辛。高中生活就像在菜园中不断汲取养分的虫虫,无论出生如何、家庭环境如何、之前的成绩如何,只要自己肯奋发图强,努力吸取知识,认认真真对待高中三年生活,度过最辛苦的化蝶之旅,再丑的毛毛虫也能破茧而出成为美丽的蝴蝶,迎来的必是崭新的世界。

菜园的作物是丰富的,有着虫虫们成长需要德智体美劳各方面营养素,要做的是引导孩子们更好的汲取养分,因此每一年虫子们都能收到一份特殊的促长礼物。入学时第一个生日是虫儿们刚通过中考初来乍到的新鲜期,在那天他们都会收到来自班主任的孵化祝福卡,欢迎他们来到高中的菜园,祝福他们在第一年能尽力汲取道德的雨露和知识的营养,为结织出牢固的茧而蓄能。这种颠覆生日祝福模式的做法让孩子们第一时间感受来自老师的关爱,对明天成才的肯定是鼓励孩子们能主动去吸收高中给予的知识。

高二的旅途是结茧前的幼虫期。虫虫们收到的礼物是一颗菜园魔豆,需要学生们亲自种在教室的菜园中。经历了一年高中生活步入第二个四季交替,学生们熟悉了环境,收到的这颗魔豆寓意着自身的成长需要不断地吸收营养,不能仅仅是依靠他人种植获取农作物成果,而是自己给自己播下未来的能力。学生们亲手种植期待种子发芽长出何种花样的同时更是植在学生心里,体验付出与收获,过程的态度决定结果的效应的感悟,而这种感悟远远强于言语上的空白的"努力"。

高三是高中阶段最艰苦的一年,在茧中的虫虫们因为看不到外面的世界而对眼前的黑暗害怕退却,但却又在这个"变态"期,孩子们走向成人时刻,十八岁的仪式上他们宣誓成人,而成人的成功却不是轻而易举便能获得。菜园中的虫子们收到的第三份礼物是一个真实的虫茧,虽然外表难看但却是化蝶的庇护所,虽然摸着脆弱但却能抵挡外界风雨,有了它的保护虫虫们才能化蝶。如同当期,虽然学业繁重正是肯定自己能力的战场,虽然身心疲倦但正是磨练意志的机会。明晰真实的环境就有面对黑暗的勇气,看到周围一起等待破茧的伙伴就有胜利的信念,这正是高三必不可少的能量。

行知而后方知行,只要去吸收就会有营养,只要去播种就会有收获是虫子们的在菜园中最大的感受,每个孩子从实物中得到感悟,从自己实际付出得到他人的赏识,后进生亦得到鼓励和平等的信任,提高了班级学生对高中学习的信心,增强学习的积极性。种瓜得瓜、种豆得豆,6班一群永远长不大的孩子从刚进校的无知无惧慢慢迈向思虑成熟,从自卑迷茫渐渐走向团结奋进,从校先进班集体到区良好班集体一步步前行,相信在高中生活结束的那天,6班将是彩蝶飞舞的世外桃源。

这些案例给予老师,尤其是青年教师很多的启发,原来老师可以做得这么有滋有味。这几次论坛的成功,不仅颠覆了很多人不愿意做班主任的想法;而且让很多平时默默无闻的老师崭露头角,让人刮目相看。走上论坛的三十余位教师,有班主任,有普通任课教师,也有中层干部,他们吐露的心声涉及了教育教学活动中的成功经验、失败教训、心灵困惑等方面,因为是"心声",又是身边随时可能发生的平凡事务,所以显得特别真实可信;同时,这些老师们愿意把自己的经验、教训及反思与大家分享,这本身就是"优秀";更重要的是,这些老师在解决困惑与问题的过程中所体现出来的责任与智慧,感染、带动了身边的同伴,去思考,去借鉴,去实践……这不正是我们追求的组织氛围吗?

(三) 应用"微格教研"引导教师反思自己的行为

教学反思是教师专业发展中最为关键的一个方面。老师们大多看重自己的教学成绩,在乎自己的价值体现,那么如何引导大家反思课堂、提高教学效益,找到改进教学的路径就显得尤为重要。于是我们引入"微格教学"的概念,帮助教师进一步聚焦课堂教学,不断改进教学行为,以期逐步提升教师专业水平,从而提高教学效益和质量。

微格教学(Microteaching)又称微型教学,它以现代教育理论为基础,利用先进的媒体信息技术,依据反馈原理和教学评价理论,分阶段系统培训教师教学技能的活动。微格教学是一种缩小了的可控制的教学环境。

为了让教师能够逐步接受"微格"的理念,我们将微格教学的过程分成"照镜子,找问题"和"抓薄弱,促成长"两个大阶段。通过第一阶段"照镜子",目的是让教师能够全面知道、了解、接受微格教学的形式,主要方式是自拍自查自行分析自行整改。经过一阶段的了解后,再实施第二阶段,即教师针对自身第一阶段的教学薄弱环节,提出下一阶段需要改进的环节。我们通过教研组、备课组活动时机,组织全体教师进行讨论,根据课堂教学表现的特点,汇总了一份《课堂教学薄弱环节的表现菜单》提供给教师,他们可以从中选取,亦可根据自己的特点寻找改进的部分,通过自身不断的"微格"来反思提升课堂教学实效,并通过撰写以此为基础的叙事案例研究文章,以此提升专业水平。

［案例35］与微格教学亲密接触

一位地理老师"微格"后写下自己的心得——

不一样的感觉

第一次接触"微格教学",心中充满忐忑。然而,当我看着自己录制的视频时,却显得异常激动。对我说:还从没这样的机会对自己真实的教学情况进行全面审视,看着屏幕中的自己、听自己讲课,觉得很有趣。于是我有了进一步了解自己的愿望,我便接着二度与之握手。

换个角度发现自己

特点:客观性、直观性、全程性。

转换:从"当局者"转移到"旁观者"

三看:

用欣赏的眼光——→看优点、找长处——→继续保持、发扬——→让优秀成为一种习惯

用挑剔的眼光——→看问题(教学过程不良的习惯)——→美化自己的教学

用反思的角度——→看状态(学生的参与度、主体性发挥、学习情绪的变化以及反映的信息)——→反思(对教材的处理是否得当、对课堂掌控是否适度、语言的组织是否精炼、教学环节的设计是否科学、教学心理的把握是否贴切)——→目的(使学生思维更具逻辑性、使课堂更有条理性、使教学评价更科学、更智慧等等)

目标:重新审视自己的教学,寻找真正适合学生的有效教学。

开发自己

1. 微格教学使我能够从客观的角度重新审视自己教学过程中的得与失,重新思考定位自己在课堂中的角色。

2. 微格教学能悄悄地改变自己的授课水平和教学习惯,并能很好地解决教学中出现的问题。

3. 微格教学可以使自己的教学变得一次比一次接近完美。

目前,全体任课教师都至少进行了四次微格录像,有些教师甚至已经达到了十多次之多,尤其像新教师小毛老师,第一学期教学过程中,几乎每堂课都进行自我微格,课后主动邀请带教师傅一起观看,从中找到问题,从而得到了迅速成长,在区级"新苗奖"评选中脱颖而出;很多教师在微格录像后,不是一个人偷偷观看,而是邀请组内其他成员一起观摩和评价,大胆地找到微格中所存在的问题,在微格后的叙事反思中有不少新的思考和亮点;除了传统考试学科的教学外,微格录像已经传到班主任的主题班会课教学中,越来越多的老师主动地对自己各类教学过程中,不分是学校要求的,还是自己需要的,都能够主动进行微格录像的实施工作,主动进行反思教学。可以说,通过"微格",大多数老师已经让"反思"成为了一种习惯。

(四) 适配岗位,让每个人都能"优秀"起来

让优秀成为一种习惯,既然已经成为一个学校的组织愿景,那么她就是一个集体的概念和符号,是每个人都要努力去追求和达到的目标。而学校管理层面要做到的,就是尊重每一位教师的人格,尊重人的差异性,这既是个性的丰富性的表现,也是人的基本权利要求。因此,如何把合适的人放在适合的位子上,这是领导力的具体体现。

[案例36]"她,让我们赞不绝口!"

有一位外地引进的高级物理教师,是一名近50岁的军嫂,为人本分,踏实勤劳。可是在教学上不能适应上海的节奏,也无法有效地管理学生。因此严重影响了教学效果。每年校长室都会接到家长要求换物理老师的来电或来信。每逢质量分析会或是家长会,这位老师就会很焦虑,学校也很为难。为此,我召集校务班子商量对策,考虑到这位老师性格文静,较为勤劳,教龄也已满20年不会影响到退休工资,因此让她转岗做物理实验员,原来的实验员(专业不对口)转岗做了资产管理员,原来的资产管理员(不会电脑操作)转岗去了门卫。

如此一调整,这位物理老师欣然接受,从此没有了"分数"的烦恼,把

物理实验室管理得井井有条,为每位老师做好实验前的一切准备工作,深得物理教研组老师好评。物理教研组长说起她,总是赞不绝口。因为工作出色,经常会受到教导处、校长室表扬,她在新的岗位上非常愉快地工作着。

岗位调整,贵在用人所长;调整的岗位,一样能体现"优秀",一样能为学校发展做贡献。

[案例37]"我现在很开心!"

另有一位也是外地引进的物理男老师,"内才"不错,可是口才不佳,有点木讷。早些年,学生还比较"本分",听这位物理老师的课还没有太多反响。进入新世纪后,学生们普遍思维活跃,见多识广,而老师没有太多改变,一如既往用老方法、老传统教学生,其间的距离和反差不言自明。于是,投诉的学生和家长越来越多,普遍反映这位物理老师口齿不清,上课听不懂;考试的成绩与其他班级相去甚远。教导主任和校长们多次听课提出改进意见,可是他情绪非常激烈,认为从学生到领导都是故意"找茬"。他的理由是,"我一直这么教的,以前没问题,怎么现在就有问题了呢?!"因此经常发生与反馈情况的干部的争吵。因为不开心,甚至引发了家庭矛盾。我决定另辟蹊径,开始寻找解决问题的其他方法。

通过观察,本人发现这位老师不仅木讷,而且不太合群,总是一个人独来独往;通过档案资料我还了解到,这位老师在上海没啥亲戚,夫妻俩都是老师,也就是说他们的交往面很窄,基本上是"学校——家里"两点一线,最多拐个弯到菜场,加之本身性格内向不合群,所以对新生代学生的特性不甚了了,自然会显得比较落伍。这位老师自认为自己还是有学识有本事的,自尊心超强,因此学校老是抓住"成绩"和他说事,他会觉得很没面子,极易引起他的反感,从而引发干群矛盾。

了解到这一点,本人决定改变策略。首先对他的备课和课余辅导给予肯定,肯定他的努力和付出,肯定他"优秀"的方面;进而我们向他"摊牌","不是你不努力,而是多年来形成的乡音难改,由此导致学生听不懂;而这一点,凭现在这个年龄想要改变是很难的。"这样一来,我们发现他能够听得进一些了,但仍然很悲观,甚至同我说,不让他教书,连死的心都有了。我找了一个机会和他促膝谈心,从学生的变化谈到教育观的改变;从于丹的人生哲理谈到家庭生活,告诉他:人生在世并无十全十美的事,尤其快奔五的年纪,只要家庭和美(他的妻子对他很好),儿女有出息(他的女儿在大学已是预备党员),这是很多人梦寐以求的幸福,这两点你都占全了,已经很让人羡慕了,工作中遇到一点挫折这也难免,只要我们换个心态,很多事情迎刃而解,比如换个岗位尝试一下。这回他表示回去考虑。我顺便提供了实验员、文印员、体育器材保管员等几个岗位供其选择。最后我送了于丹一句话给他:"人生不如意事十有八九,让我们常想一二。"

通过这次交心谈心,我们之间加深了了解,他认为我足够真诚,值得信赖;我也了解了作为一位传统意义上的知识分子,"面子"比啥都重要,所以很多事要将心比心,换位思考,才能水到渠成。

当然,这位老师的想法有过多次反复,本人都耐心地聆听他的倾诉,最后他要求到门卫值夜班,理由是不用碰到老师和学生了。这也不错,但本人很认真地和他又进行了一次谈心,告诉他门卫夜班岗位很重要,责任重大,每晚要巡视校园多次,防止发生偷窃事故;另外,要与其他门卫处理好关系。他都一一答应。本人又让总务主任把工作细则做了布置,还关照总务处其他人员不要"欺负"他,要和谐共事。之后,他工作兢兢业业,认认真真,多次得到主任的表扬。两个月不到,他爱人向我们反映,原来瘦弱的他长胖了五斤,人也变得开朗了,能够参加集体活动了,有时我下班碰到他值班,会顺便问候一声:精神很好嘛!他也总是乐呵呵地回答我:"现在我很开心"!

这个案例给我们带来极大启发:"优秀"是每个老师内心都渴望追求的目标,只是我们要适时点燃他们的梦想;"不优秀"只是暂时、相对的,我们要创造让其"优秀"的氛围和平台;只有走进(近)老师心灵,了解心声,激发热情,才能创造"优秀"。

（五）利用班主任周志创建对话与研究的空间

美国心理学家波斯纳曾提出过一个教师成长的简要公式:经验+反思＝成长。我国新基础教育改革的创始人叶澜教授也曾说过:"一个教师写一辈子教案不一定成为名师,如果一个教师写三年的教学反思,有可能成为名师。"因此,学校大力推行全体班主任通过每周撰写一篇班集体建设周志,更好地了解班情学情,记录成功或失败的教育方法,同时这也逐渐成为学校对每一个班主任实行个体内差异评价的重要依据。很大程度上说,这既是敦促也是指导各位班主任积累教育经验,是硬性的制度管理"完成任务"向软性的文化引领"自我反思"的转变,从而帮助每个班主任更快更好地成长与发展。

1. 对话:搭建以教师为中心的沟通平台

班主任工作周志是班级教育管理工作实践、反思的后记。它记录了大量的教育片段和手段,记录形式灵活多样,可供教师本人或者班主任团队分享成功或失败的经验。由此,班主任工作周志具有丰富性、及时性和典型性的特点。本质上说,班主任工作周志就是一种文本形式。因此,UN 中学在学校优秀文化管理理念的引领下,将班主任工作周志转变为对话的平台,最大限度地发挥文本的沟通功能。具体来说,主要体现在三个方面。

（1）教师与自己的对话

撰写班主任工作周志,不断总结班主任工作的点点滴滴,不仅记录工作中的闪光点,也记录工作中存在的问题。通过对班主任工作日志的反思和总结,可以把班主任工作中的问题形成序列,无论是对学生的教育方法,还是对班级突发性事件的处理,以及对事务性工作、常规事件的工作方法完善等等。通过对序列的总结和研究,班主任会找到解决问题的优化途径,提升处理事件的能力。在日志记录的过程中,班主任会发现许多日常忽视的问题,并会围绕这些问题展开一系列的分析,这就体现了班主任工作的思维过程。自我提升是一个循环过程,是积累、感悟、实践;再积累、再感悟、再实践的过程。而日志则是反思的载体,承载着某个阶段思想、工作经历、人生感悟等等。下面举一位班主任所撰写的日志。

（2012.2.10）班级行规的培养取决于我们对行规的重视（节选）

……比如早晨进校（7:00~7:25）到早自修或早锻炼期间的这 25 分钟，过去的我过于相信学生的自主能动性，忽视了班级行规的培养，导致班级在早晨诸多环节上做得比较糟糕……事实上我从来没有纵容这些现象，也在不同场合批评过这些行为，但却收效甚微。……

（2013.3.2）也谈改变习惯与班级管理（节选）

……习惯的养成非一朝一夕，而习惯的改变更是需要借助外力，是由外而内的，是家长和老师"管"出来的。管，不能只凭讲，要管，就要管到位，要学生做到位。在习惯养成之前，一分钟都不能放松警惕，不能认为讲完了事情就过去了，那是不可能的。为什么都说高一开始时最累，最难带，那是因为什么都要做规矩。……比如早自修，学生进班后，就要迅速进入"学习状态"，看书，背单词，读文章，就是不能闲着空着，更不能有一点拖拉；如果他做不到，老师就要协助他做到。……

我们可以看到，两篇日志相隔一年，是对同样的问题不同阶段的认识。在第一篇中，这位班主任显然并没有找到好的办法，但是，他把他的困惑和烦恼记录在了日志当中；而在第二篇日志里，显然他找到了在班级早自修问题上有效的管理办法，字里行间渗透着自信和对工作的热情。

通过日志，我们可以看出这位班主任在这一年当中的不断尝试和努力。我们常说，同样的错不能犯两次，但这只是我们的主观美好愿望。事实是，受制于性格、习惯、价值观等综合因素影响，我们经常会在同一类事上犯相同的错误。在班主任工作上，很多时候我们走的弯路其实早就走过，只是我们在举棋不定的时候忘记了，而在尘埃落定的时候却又想起来了。多看看自己写的日志，尤其是自己曾经没有能够处理好的事件，就是在修补自己性格习惯上的缺点，不断提醒自己在这些方面容易犯错，这就是日志的价值。

（2）教师与学生的对话

教师描述并评论了班级特殊事件中的学生个人或团体，记录并反思自己的教育方法。其实在这个过程中，教师率先与学生进行了一次交流。他们处于不同的阵营，为了各自的阵地或那份坚持互不相让，试图争取对方的理解与包容。班主任周志则很详细地记录了这样的对话，甚至是心理活动。在这个过程中，教师本人则有更大的空间阐述自己的立场与观点，并从教育学、管理学等专业的角度剖析反思整个教育过程。为了推进这样的互动对话，我校通过学校校刊发布班主任周志节选、评选感动校园十大人物等活动，让学生能够看到班主任老师的真实想法，看到班主任周志中的真实记录，促进师生之间心与心的沟通与理解。

在班主任工作周志中，班主任们用新的眼光去审视和发现学生，去寻找学生身上的闪光点，和谐的师生关系不断得到提升。也在班主任工作日志中，一些班主任提到了许多可以实施的策略，帮助学校开展丰富多彩的德育活动。事物的发展是潜移默化的。在撰写的过程中，班主任对学生的行为和发展不断地进行着思考和摸索，渐渐地，教师对学生的爱随着这种思考也渗透在教师教育教学行为中；而随着教师们全身心地付出，他们的爱在学生的身上也引发了共鸣。

（3）教师与同行的对话

通过撰写班主任工作周志，教师们可以不断总结教育实践中的经验和教训，积极思考班主任工作中存在的问题，还能不断探求班主任工作的基本规律，促进他们了解当下基础教育发展与变革的趋势，提升班主任本人的综合素质和管理能力，提升班主任工作的有效达成。

在每一篇班主任工作周志中，都会反映出不同的班主任对问题学生不同的教育方法，对班级突发性事件的独特处理，即便是对班级的事务性工作和常规事件，也会由于不同的教育思想和理念，而采取不同的管理方式。这些都无不显示着每一位班主任老师在不同教育阶段的管理感悟和思想深度，每一个班主任老师管理班级的成长史。

因此，为了让探索最为有效切实的班级管理模式，为了寻求最适合我校师生的班级管理方法,学校鼓励班主任彰显自己迥异的风格,鼓励"百家争鸣"的现象,并且在每学期都会举办"用爱与智慧守望成长"教育教学论坛,通过交流班主任工作周志中的优秀篇章,传递优秀班级管理方法和有效的教育首选,为班主任们创设彼此交流、相互学习的平台。

下面再举一位 UN 中学优秀班主任的周志,这篇日志对很多青年班主任有着非同一般的影响。这位班主任当时是高二中途接班,但是这个在高一时比较闹腾的班级却在她接班后的第一周显得风平浪静。在一般老师看来,班级稳定不是一件很好的事吗? 这位老道的班主任告诉我们:不,事实上很多暗流的涌动就是从风平浪静开始的。没有问题? 那好吧,我就人为制造一些问题出来。她的日志是这样写的:

……开学一周了,班级看上去的风平浪静,很太平。好吧,既然没有问题,那我就来制造一些问题吧。换个座位试试。

我故意提前一星期放风:班级要换座位了。允许提要求,但不保证满足。额外的要求要用额外的筹码来换,座位表的编排交给班委讨论,一方面矛盾下移,另一方面我也可以掂掂这群班干部的能力。

班里风波骤起,有人强烈要求坐在某人附近,也有人打死不愿坐在谁附近。一边问原因,一边把班里的小团体分布和各人性格特点摸了个彻底,成果斐然,很好很好!

班委上来一套基本方案,基本可以贯彻我的要求,但只兼顾了一小撮人的合理要求,基本回绝了大部分可能产生隐患的不合理要求。看来这些班委做事还是比较有数,也算是有原则的,这一点很不错。……

后来,这位老师撰写了题为《新接班教师座位安排技巧》的教育教学论文,将工作方法理论化,系列化,得到了非常高的评价。班主任工作周志,可以将这样优秀的管理方法进行有效地推广,其意义和价值已经远远超过日志本身了。

总之,班主任工作周志就是弘扬优秀,展示优秀的途径。每学期通过对优秀班主任工作日志的展示,带动了一批班主任共同进步,越来越多的班主任都着手写作班主任工作日志,也推动了班主任追求优秀的内在动力。

（4）教师与学校的对话

文化管理提倡人文关怀，那么班主任周志就是让学校管理者走近教师，走进班主任的有效手段。班主任周志不仅详实记录了教师对突发事件或对班级实施管理的手段、方法、感想、总结等，其背后折射出教师的喜好、性格、兴趣等，也反映出他们的教育教学观、价值观和人生观。管理者可以以周志记录的内容，阅览到教师们碰到的困难和挑战，了解到教师们的追求与梦想，感悟到教师们的辛苦与不易，体会到教师们的智慧与才能。班主任周志就是教师与学校沟通的平台，既是教师展现自己教育能力的场所，也是教师诉求帮助和支持的地方。无形中，它推动了学校文化的形成与落实。

2. 研究：教师研究班情学情、学校研究教师个体内差异的真实素材

（1）教师对班情学情的研究

班主任工作日志的撰写过程，是不断总结班级管理工作的过程，是探求教育智慧的过程。在此过程中，班主任必然要坚持学习、研究和实践，坚持经常总结班级科学管理方略和思想教育方法，坚持思考和笔耕，从而实现班主任教育工作阅历的不断丰富和深化。班级管理中的事件，很多事情看似是管理学问题，其实则是教育性问题。而且，唯有把它看成教育性问题才能真正说服学生，将事情处理好。事实上，每一项采取的管理班级的措施，都蕴含着丰富的教育理论和教育思想，都是经过实践检验的结果，最终选择适合本班的学生的教育管理策略。因此，尤其读到自己记录的各种案例，如果细细追究，不难发现背后蕴含的教育思想。通过这种形式，不仅能够帮助自己内化教育理论，更能理解理论背后的思想，从而深化认识，丰富自我，为实现更科学、更艺术的班级管理奠定基础。

班主任管理工作无论是问题式研究，还是课题式研究，最终都是在潜心探求教育管理规律，而探求问题的真谛都要着眼于对教育现象本质内涵的挖掘与析理。教育客观现象的用心采撷是研究班主任科学化管理课题的首要调研工作。班集体建设工作日志就是采撷各种教育现象的有效途径，也是研究班主任科学化管理工作的思维成果，是教育管理最终研究成果的基础背景。

往往听到老师们抱怨，在百忙中还要让我们做科研、写报告，或者就是苦

于自己没有材料而不能进行行动研究或者对比研究。其实,倘若每一次班主任日志都能记录得较为详实,每一次感想都是自己的真情实感,那么,按照每周一篇的速度累计,将会形成多么庞大的素材库!在记录的过程,如果能用科研的眼光审视,那么每写一篇就能有一段成长,一个感悟,而每一篇就是一个微型的科研报告了。

(2)学校对教师个体内差异的研究

班集体建设日志的施行不仅可以推进班级管理工作的推进,帮助班主任的成长与发展,同时也是对学校管理、对班主任工作评价提供了真实、具体、详尽的依据。有的时候管理太严了,大家总会抱怨制度的非人性化。但是离开了制度(根据"经济人"假设),人们似乎总会忙里偷闲。因此如何在人性化和制度化过程中取得平衡就很有大的学问可以做了。

实行个体内差异评价,不仅可以在一定程度上减少老师们的竞争压力,工作压力,而且还能突显个性化。试想,每一个老师根据自己的情况制定的计划,所做的记录,所得的感想,所获的收获,那是多么丰富多彩又别具特色,无法复制!个体内差异评价,就是每个人都有不同的考核标准,每一位班主任都有一个"踮踮脚就能碰得到"目标,围绕这个目标,班主任开始着手实施工作。班主任工作日志正好记录了班主任追寻目标的脚步。因此,通过把班集体建设日志作为一种评价手段的理念,能够很好地反映出老师们的工作强度、工作容量、工作内容,进行有效地评价,班主任工作周志的实施正是将教师不同个体的工作情况,形象直观地进行了评价的量化。可以说,实施个体内差异评价,班主任工作日志就是一个抓手。

除了将班主任的工作情况量化和细化,班主任工作周志还能为学校管理者对每一个教师的今后发展、个人的兴趣与热情点,提供平台,从而建立更深刻更具体的认识。同时,倘若将大家很有共性的发展情况或问题汇总,也能为学校今后的管理前景、突破口、发展方向提供依据。

此外,从发展的角度来说,由于这种站在不同起点、不同水平面的评价模式在有了班集体建设日志为载体后,对青年班主任工作的评价就变得更为科学、客观和公平。

四、学生文化:"让美的行为闪光"

学生并不仅仅是学校的匆匆过客,而是学校文化建设的主要参与者。学生文化主要是指学生群体在学习活动中所表现出来的特有的价值观念、思维习惯、行为方式等,其核心是学生的价值观。[①] 其形成原因除了学生自身外,与社会环境、家庭、学校文化及同辈群体的影响有关。我们能把握和影响的是通过优秀学校文化的建设帮助学生群体形成优秀的学生文化。在通常情况下,仅仅是学校强加给学生的价值观,学生可能会产生一种本能的抵触心理,因为这不是他们的东西。因此,优秀学校文化应该能理解和接纳学生,尊重和欣赏学生,关注和了解学生。

UN 中学的学生虽然入学成绩是全区后 20%,但是,作为新生代,他们同样具有和这个时代同步发展的同年龄学生的特点,比如追求学习的轻松乐趣,厌恶过重的课业负担带来的压力;比如渴望与人平等交流,对自我完善有着强烈的渴求等等。针对他们的特点,我们试图从鼓舞士气、重塑校风学风等方面打造"优秀"学生文化。

(一) 加强学生正式组织,提振"优秀"士气

从现代学校组织管理来说,学生的正式组织,是现在学校组织中的最重要的成分。学生正式组织,即学生工作办公室和团委领导的学生群众组织,是学校联系学生的桥梁和纽带。这些组织的存在能够参与学校民主管理,维护学生合法权益,丰富校园文化生活,提高学生综合素质。一个学校,如果有一个成熟的学生正式组织体系,那么学生们能够自觉接受学生组织的领导、督促和检查,积极支持学校的各项工作。然而在应试教育、分数为中心、教师为中心的现实之下,学生组织往往被忽视,学生往往成了被动的填鸭式的"容器",更

---

① 郭雯:《浅谈学生文化》,《科教导刊》2010 年第 13 期。

不用奢谈文化建设了。

从学生的角度来理解,以学生会为代表的学生正式组织存在的意义当然是服务同学,帮大家做事儿,它可以组织学生社会实践活动,比如艺术节、体育节、义卖市场、志愿者之类的校内学生活动;参与诸如考前动员、禁烟宣传活动之类的倡议活动;负责学校各班日常行为规范检查,帮助校方做好日常管理等。此外,学生对学校的意见和建议由学生会统一反映,与学校领导沟通。一个学校学生会发挥作用,是学生参与学校管理的主人翁的体现,可以让学生更多地锻炼自己,提高沟通能力等。

UN中学要建立优秀的文化,当然不能离开学生这个主体。建立一个具有活力的学生会组织,对于学生而言,是最直观的从被管理角色转变为自我管理的角色。从内部建立一种道德自律和自我负责的意识,从外部则是建立一种组织规范来对内部的认知进行激励刺激,使学生本身的独立、自主、自强的自尊要求得到认同,从而通过在组织中锻炼能力而使诸多内在要求得以满足,反映在外在生活状态中则表现为自我的认同、自信的提升、组织管理能力的提高和学习积极性的增加等方面。

所以,为了建立学生会组织,培养锻炼学生干部,在校内组织召开了学生代表大会。在大会上通过竞聘、选举产生了新一届学生会组织。换届后的学生会由主席、副主席、六部部长及副部长组成。在新选出的学生会第一次会议上,经学生干部自主讨论产生了各部门职能分工的具体安排,明确了学生干部的工作职责。在这之后,学生会各部门做了简单的工作规划,再经过公开招聘,聘任了各部门干事若干名。至此,整个学生会组织的组织建构重组基本完成,其中的学生干部因为是由民主选举或自愿应聘加入学生会,所以有一定的工作热情和积极性,有希望很快组织活动的冲动和要求,愿意承担起学生干部的责任,做好各项责任范围内的工作。

[案例38]一个学生干部的成长

有一位小张同学,性格开朗,充满激情,通过演讲、才艺展示等途径,成功竞选学生会干部。上任后不仅配合学生处成功地组织开展了各项活动,而且善于献言献策。一次学生会干部例会,他提出倡议要在全校范围开展"校园达人秀"活动。得到首肯后,他积极筹划,从预赛到决赛,都取得意想不到的成功。从此,他人气大涨,俨然成为一名学生领袖。更为可喜的是,他的学习成绩并未因社会活动繁忙而耽误,反而节节攀升,成为年级的领头雁。

在一次成功主持文化节闭幕式之后,笔者"采访"了这位同学。

"小张,我看你主持节目、开展活动都挺有范儿的,初中是不是一直做干部啊?"

"我从读书到现在,是头一回做干部、做主持。"

"哦?"我颇感诧异,"第一回做就能这么胸有成竹,说说看,怎么做到的呀?"

"也没什么啦,只是觉得到了高中,同学之间对自己过去都互不了解,想给自己一些挑战。校长,其实我第一回主持节目紧张得要死,可是老师同学给了我太多的掌声,总是鼓励我赞赏我,让我感觉非常好,没有理由不把事情做好。"

"这就是成长。"

"是的,感觉自己比初中时自信了,爱学习了。"

"希望你在高中三年,学业、情商、社会能力三丰收。"

"谢谢校长!"

小张同学的案例让我们感受到,学生正式组织能够成为学生成长成才、展现"优秀"的舞台。这是一种正效应,它会引领越来越多的同学从平凡走向优秀;优秀的人组织优秀的活动,学校的氛围逐步走向优秀。

除此以外,在学校文化建设中,学校设置各种表彰活动,如不同类别的"校园之星"、"三好学生"等奖项,对优秀学生进行宣传和表彰,树立学生楷模的榜样作用。学生楷模是学校文化的象征,是学校办学理念的化身,通过为其他学生提供可借鉴的成功范本,引领着优秀学校文化建设的方向,并不断强化"让优秀成为一种习惯"的价值信念。同时,学生楷模可以把优秀学校文化的理念得以保存并延续下去,使整个学生群体同心同德,形成整体的凝聚力量,从而促进学校文化的不断发展。

(二) 以广播操、自修课为抓手,促进校风转变

学校对于学生的各项规范反复抓,抓反复,常抓不懈,似乎取得了不错的效果,学生们违纪违规现象减少。但是综观全校,并无行规方面特别优秀的班级,大多了无生气。文化有很强的稳定性、持久性,文化建设离不开制度的牵引,制度建设是推动和促进文化建设的重要力量。于是经过调查协商,学校制定出了具有本校特色的《学生手册》,向学生宣传学校文化和历史的同时,明确了校规校纪和奖惩制度,为学生的行为规范制定了标准,为奖励和惩罚提供了依据。在《学生手册》中,主要从校园文化、行为规范、奖惩制度三个大方面进行了一一阐述。校园文化方面,通过对校标的颜色、造型、象征与寓意等方面进行了详实的解读,并将办学理念、办学理想、办学目标、学校价值、教师价值、学生价值、校训、教风、学风等内容以书面的形式呈现给学生,使学生清晰地认识到自己是学校文化建设的重要主体;常规制度方面,主要从一日常规、学军学农规范、考试管理制度、班级值周制度四方面做了明确规定;奖惩制度方面,分别从评优评先制度、学生业余党校及推优入党、违纪处罚条例三方面做了详细的介绍。

学生有了自己的行为准则,有章可循,有"法"可依,学校检查,班主任督促,自然要规矩得多。但我们发现,行为规范除了泛泛而抓,更应该结合学生实际实行重点突破,这样才能让一项项优秀的习惯得以继承、保持。于是,学生处决定从广播操质量和自修课纪律两个方面突破,并以此为抓手,提升学生精神状态和自律习惯。

[案例 39] 体育委员的变化

自从学生处制定了班级"广播操评比细则",并把它纳入优秀班集体评比项目之后,全校上下都给予了高度重视。最明显的变化是,各班领队的体育委员,原本只是例行公事而已,现在可不同了,他们昂首挺胸,精神振奋,不仅如此,他们在广播操的整个过程中,还会时不时地提醒大家注

意节奏等细节,因为他们知道自己是班级亮相的第一人,承载着责任与使命。在他们的带动下,同学们做操的精气神得以提升。

经过检查评比以及体育节的广播操展示等途径,学校广播操质量得到提升,同学们逐步意识到每天的出操,正是行为规范的最直观体现,既能强身健体,提升精气神,又能为班集体争光,一举多得,何乐而不为!更可贵的是,这样一种良好的习惯得以坚持,体现了"优秀",体现了"优秀"正逐步、逐步成为一种习惯。

[案例 40]督导人员的思考

一次,区政府督导室来校进行为期三天的督导检查。全校广播操是督导人员每天必查项目。当看到同学们迈着整齐的步伐,昂首挺胸进场;当看到同学们听着旋律,心无旁骛地做操的场面,当即就有督导人员发出感叹:这操做得比重点中学还好呢;继而把狐疑的目光投向德育副校长:你们是不是为这次督导做了很多准备呀?当我们非常坦然地告知,这是最常态不过的表现,而且欢迎各位随时来抽查;当连看三天出操,连听三天课堂,通过师生座谈会等形式,他们不得不承认,这是一所有着严格管理和规范的学校。既然普通高中都能做到,为什么有些重点高中却不能做到呢?——这是来自督导人员的思考。

其实,本人想告诉他们,行为规范是一个人的立身之本,无地位名分之分;只要严格要求,令行禁止,普通高中一样可以不普通,一样可以优秀。

在狠抓行为规范的过程中,我们发现一个普遍现象,有老师在场的情况下,学生比较自觉;没有老师在场(比如自修课),学生的自律性相对较差。于是学生处把自修课的纪律和效率纳入了班级评比的重点项目之一,通过检查、评比、反馈、整改等过程,督促学生养成自律的好习惯;在这一过程中,学生干部大有作为,成为了班主任管理班级的得力助手。

[案例 41]历史老师的微笑

笔者在一次巡课的过程中,发现高二有个班级很奇怪,只见一位学生干部像模像样地站在讲台前,似乎在给同学默写。我好奇地站在后窗观察了一会儿,原来他们在复习历史。课后我和同学们聊了聊,才知道这一节是自修课。因为马上面临学业水平考试了,同学们都在抓紧复习。历史课代表想到同学们有些章节的知识点掌握还不太令历史老师满意,在征得大家认可后,历史课代表做起了小老师,带领同学们一同复习。这节自修课效率非同一般。当我把同学们的表现告知历史老师时,她笑了,非常自豪地告诉我,他们长大了,懂得利用时间了。更让我欣慰的是,他们懂得合理调配时间,懂得互帮互助了。有时候,伙伴的促进作用,更有利于促进"优秀"习惯的养成。

(三) 以"适应—发展—健全人格"为分年级学风目标

从纵向来看,因为每个年级学生的年龄结构不同,针对每个年级也有着行规教育的着重点。如高一年级以"适应教育"为支点,以"规范行为"为目标,以"军训"活动为契机,完成初中到高中的过渡,增强学生对集体的认同感;高二年级以"发展教育"为支点,以"优秀习惯"为目标,以"学农"活动为契机,加强行为规范和爱集体、爱劳动教育,增强学生的归属感;高三年级以"理想教育"为支点,以"健全人格"为目标,以十八岁"成人仪式"为契机,激发学生的责任感和使命感。

[案例 42]"老师,您能陪伴我们高中三年吗?"

作为一所普通高中,没有耀眼的光环,只有学生和家长疑惑的目光:"这样的学校适合我吗?""我把孩子送到这样一所普通高中,能放心吗?"于是,带着对普通高中的偏见,许多家长托关系找门路,想尽办法外出市区重点学校借读。为了留住生源,我们在分年级教育目标的指导下,精心设计高一新生入学教育以及军训活动。可喜的是,经历了为期一周的军训之后,我们的学生往往情不自禁地爱上了班主任,爱上了班集体,不愿再提借读之事。在军训的最后一晚,我们会策划一场以"感恩"为主题的文艺晚会。当主持人引导大家回顾一周来一直陪伴左右的班主任老师,无论在同学身体不舒服时的端茶送水,还是在同学不能坚持差点放弃时的循循善诱,作为学生进入高中阶段的一位引路人,一名导航员,我们的老师给同学们留下了太多太多的温暖和回忆,此情此景,同学们与老师相拥而泣,泪眼婆娑:"老师,您能陪伴我们到高三吗?"老师也早已泣不成声:"我一定陪你们三年,还要把你们都送入大学!"

学生对老师的认同,即是对班集体的认同,也是对学校认同的开始。有了这样的认同感,我们"完成初中与高中的心理对接"目标基本达成。

在"好知、好学、好问、好悟"八字四好学风的引导下,重点突出,带动全面,分年级确定具体实施目标,这样的行规教育从点和面上都促进行为规范的养成,也为培养学生优秀的行为奠定了坚实的基础。

(四) 重视活动类隐性课程的作用,"让美的行为闪光"

隐性课程(hidden curriculum)是学校情境中以间接的内隐的方式呈现的课程,与"显性课程"相对,它是潜藏在课内外、校内外教育活动中的教育因素。教育活动是有目的的社会实践形式,隐性课程通过学生的无意识心理活动发生作用,但对教育者来说是在有意识的教育活动中实施的,也就是说隐性课程具有教育的目的性,因而是可以预期的,可以事先设计的[①]。因此,学校特别重视活动类课程对学生潜移默化的教育作用,我们以"让美的行为闪光"这一主线精心设计开展系列活动;而且我们组织的所有活动都积极倡导师生共同参与,教师在学生的活动中,不仅仅是设计者,指导者,更是参与者。师生共同参与学校活动,是增进师生情感的纽带。在活动中,学生们发现日常严肃的老师也有可爱活跃的一面,也看到了老师们的才能,对老师也就更加亲近了。老师融化了学生,学生激励了老师,师生情感得到了升华。教师参与学生活动,是思想教育的桥梁,无疑能极大地增进师生情感,学生对教师的德行一目了然。这样,学生能更大程度地理解教师,为教师做好学生思想工作提供了捷径。教师参与学生活动,是提高教育教学效果的催化剂。当学生亲近了教

---

① 杜红芳:《校园文化形态中的隐形德育课程建设》,《教学与管理》2010 年第 21 期。

师,能够和教师心灵上产生共鸣,对于教师的任教科目也会产生兴趣,会"爱屋及乌"。

［案例 43］"师生同欢庆,温馨满校园"

2009 年 10 月 23 日,UN 中学文化艺术节闭幕式在星火电影院隆重举行。闭幕式上,进行了"歌唱腾飞的祖国"合唱决赛,进入决赛的班级在学生和老师的合作下,精神昂扬,歌声嘹亮,把闭幕式的气氛逐步推向高潮;学生的美声独唱、魔术表演、街舞秀等节目展现了 UN 学子的文艺才能和对艺术的热爱;进行了校标设计大赛的颁奖,师生们积极参加校标征集,展现了 UN 师生的主人翁精神。最后,不同年龄段的老师们给大家表演了一场"T 台秀":有的西装笔挺,突显绅士风度;有的穿上旗袍,展现古典风韵;有的一身运动装,散发青春活力……学生们在场下为自己的老师呐喊助威,有的甚至情不自禁上台献花拥抱,把全场的气氛推向了最高潮。

我们就是通过这样一种师生共同参与活动的形式,希望营造师生和谐合作的氛围和舞台,旨在产生"琴瑟和鸣"的效果,同时让这一效果反哺教育教学成效的凸显。

我们还注重学校节庆行为,逐步让"仪式"成为一种习惯。比如,每周的升旗仪式,我们都按照计划凸显主题,给每一个班级师生表现的机会;比如,我们结合中秋佳节开展古诗词诵读大赛等等。我们认为,注重仪式的表达是优秀学校文化外化的表现。

在活动类隐性课程实施的过程中,逐步达到教育的目的;更为可喜的是,通过师生互动的活动形式,原来由于缺乏沟通和理解导致师生关系紧张的局面得以改善。我们趁热打铁,在老师体验到由良好师生关系带来的良性循环的同时,我们制定了"教师家访制度",要求教师通过深度家访,对学生家庭居住环境、家庭成员性格特点、学生个体特性,如谈吐、交友、身体和心理特点等方面的观察、交流和了解,制定针对性教育措施,做到有的放矢;我们通过高一新生入学摸底测试,及时了解学生各学科知识点掌握和衔接的情况,初步确定分层教学目标;我们还通过不定期的问卷或座谈的方式,了解学生不同阶段的"兴奋点"和"关注点",让老师适时调整目标和策略。

五、环境文化:创造自己的文化符号

学校环境是指学校中一切人、事、物的总称,是学校课程得以实施的各种条件、力量和外部因素,它包括校园内部的物质环境设施和以人际关系为核心的人际环境。① 文化是精神取向,是稳定的风格。当然,这些精神、风格也一定会表现在学校的物理环境上,因为校园的环境文化可以对受教育者产生耳濡目染、潜移默化、养性怡情、陶冶情操的积极作用;而这种积极性的功能需要通过教育者的设计而体现。学校的环境文化在很大程度上反映了学校的基本价值理念。学校就像一本打开的关于建筑艺术的书籍,徜徉其中就像在阅读一本厚重的艺术画册,就像在聆听一首贝多芬的乐曲,这就是学校的环境文化。因此,我们在环境文化建设方面,积极倡导创造具有本校特色的文化符号。

(一)"螺蛳壳里做道场",营造精致的校园环境

学校的物质环境主要指校舍建筑、场馆设施、仪器设备、教学用具、图书资料、花草树木、园林景色、雕塑饰物等各种有形的事物。其中,最重要的是校园。校园包括校内的各种建筑及庭院空间,如教室、操场、活动中心、教学楼、停车区域、厕所等等。作为存在物的校园环境凝聚了学校所有成员的劳动和创造。学校环境是培育人的场所,其本身也具有陶冶学生身心、激励学习兴趣、涵养开阔胸襟、孕育豁达人生哲理的功效,反映一所学校的办学理念和价值观。我们学校经过九年的转制试点,学校设备设施不仅陈旧,而且缺额很

---

① 程红兵:《学校文化建设的路径:书生校长的教育行动》,华东师范大学出版社 2012 年版,第 153—154 页。

大,校园环境建设缺乏整体的设计,环境的美感更无从谈起。但我们又是市中心典型的弄堂学校,具有一定的历史底蕴,所以我们决定按照教育的规律,遵循美的原则,利用教学楼大修之机在"螺蛳壳里做道场",美化环境,充分发挥校园环境建设对学生健康成长、学校发展的重要作用,力争能让学校的每一堵墙壁都会说话,都能成为教育的载体,营造成具有审美性和教育性精神内涵的校园环境文化。学校环境文化将学校的办学理念、价值观念等抽象的思想精神对物质化的呈现出来,即通过学校教学楼的外观造型、内部装饰,通过校园景观来表现一定的思想价值和精神追求。

学校对教学楼大修的方案进行反复讨论修改,达成了对学校绿化的整体布局、拓展自行车停车区域、教学楼走廊雕塑、荣誉墙、厕所改建、增设电子屏、主题宣传栏、学生作品栏等等的一致意见。精心设计布局后,学校面貌焕然一新,校园的美化为师生创设了优雅的学习工作环境,"麻雀虽小,五脏俱全",小巧精致的校园环境一样可以净化大家的心灵,让师生从中感受到一份自然与人和谐的惬意,促使师生产生一种健康、积极、向上的体验,促使大家朝着"优秀"的目标进发。

[案例44]老师"烟民"的变化

"禁烟令"下达之前,学校里曾设立几个吸烟点,为烟瘾较大的一些老师提供方便。学校整修之前,我常常目睹一些哭笑不得的场景,比如有些老师吸完烟,不是把烟蒂掐在烟灰缸里,而是在门缝或墙壁上随便找个地方掐掉。见此情景,我是又气愤又纳闷,询问老师为啥这样做,他们嬉皮笑脸地说,这么破的地方,烟掐上去也没见留什么痕迹嘛。我心里郁闷:这么恶劣的习惯,怎么为人师表?! 大修之后,校舍焕然一新,我担心这些老师会不会习惯成自然? 观察了一段时间,这个现象没有发生,我又纳闷了,找来他们一问,我释然了! 他们调侃地说,这么漂亮的校舍,怎么舍得下手呢?

原来,好的环境的确可以促进优秀习惯的养成。于是,我们一边打造精致化的弄堂学校,一边发动全校师生共同解读优雅的校园美景。以下摘抄部分师生"作品"。

跃动的电子屏：每天都在忙碌地描绘着,叙写这个校园里发生的美妙的故事,传承着"美与美的智慧";

潺潺流水幕墙,底部藏有一弯小鱼塘：每天看到水幕倾泻而下,就像在演奏高雅的"交响乐";小鱼自由与欢快地游动,简直就是一幅"爱与被爱"的感动画卷;

绿草茵茵,"骏马"静卧：那是一匹收起前蹄、蓄势待发的骏马,象征着"不用扬鞭自奋蹄"的附中精神,跃跃欲试,整装待发;

诗与字的灵动结合："长风"诗社学生模仿、自创古诗词,请小小"书法家"书写上墙,填满了每一层楼梯,师生们在每天的"上上下下"中感受美的熏陶。

（二）鼓励学生参与,创造自己的"优秀"校园文化

苏霍姆林斯基说过："只有能够激发学生去进行自我教育的教育,才是真正的教育。"教育只有转化为学生的自我教育,让教育内容在学生心中内化,才是有效的教育。虽然,校园环境的美化主要是后勤的事,但是我们认为,学生也可以参与其中,创造自己的校园,这本身就是一种德育活动、一种德育过程。"任何人都总是生存于一定的文化氛围中,而文化本身是一种无时无刻不在发挥作用的强大的教育力量。犹如阳光、空气作用于植物,文化对于人的熏陶教育作用,是文化的一种客观效用。"[①]文化的创造只有转化为学生的主动创造,让优秀学校文化在学生心中内化,才能真正起到文化育人的效果。于是,教育教学服务中心与学生发展中心合作,分门别类地组织学生创编"角落文化"、"楼梯文化",让每一个角落都拿起指挥棒,以图文并茂的形式宣传"美的行为",让育人更贴近思想实际、生活实际,以渗透式、启发式的效果来影响每一位师生员工。

---

① 肖川:《论教育与文化》,《教育理论与实践》1991年版,第2页。

［案例 45］每个班级的班训，就像这个班级的灵魂

为了让每一个学生参与到学校文化建设中去，我们设计开展了"我爱我班"班训、班歌、班级奋斗目标征集活动，各班主任更把这项活动视作加强班级凝聚力的重要契机。这样的效果可想而知，每一个班级的"作品"都非常出彩，我们在升旗仪式上大张旗鼓地予以集体表彰，表彰同学们的主人翁意识和行为，赞赏大家的集体智慧，因为所有的班训都与班级奋斗目标紧密结合，是班级的灵魂所在。

参与的过程即是融入的过程，只有用心投入，文化的内涵才能更好彰显。以下摘抄部分班级的班训和奋斗目标：

班　训	奋斗目标
慎独　博思　笃实　进取	梦想在现实中拼搏
进取　求是　博学　笃行	确立目标　均衡发展
惜时励志　永不言败	志强智达　言信行果
静　俭　学　志	探索求知　追求真理
正见　正语　正念　正进	功崇惟志　业广为勤
浩然明理　俨然肯学	无所畏　有所为
气有浩然　学无止境	厚积薄发　宁静致远
自强不息　志存高远	泛泛书海　学而不尽
自信　自立　自尊　自爱	奋发图强　梦想飞扬
机会靠创造　知识靠积累	品求优秀　学争上游

［案例 46］"我的橱窗我做主！"

一进校门，有一长排宣传橱窗，原来都是由校方定主题，展示一些师生活动照片。后来学生会提出要开辟一部分让学生来布置，"我们的橱窗我们来做主！"为了鼓励学生的这股积极性，校方提供了诸如宣传纸、冲洗照片之类的所有物资方便，让同学们大显身手。他们有时展示社团

成果,有时展示学生优秀作品,有时展示摄影作品,异彩纷呈,有滋有味。校园的文化搞活了!

学生巧手布置的校园文化,不仅开阔眼界,陶冶情操,而且让老师们刮目相看,深受感染,如此别样的"教学相长"是优秀文化的另类收获。

(三) 后勤育人,促进师生校内生活优秀习惯的养成

打造优秀环境文化,环境固然重要,环境中的人更是维系"优秀"的主要因素。我们倡导后勤服务与育人相结合,促使精致化服务理念的形成与行为提升。后勤人员不认为后勤工作为教育教学服务的而降低自己的责任心,也不因为服务难,难服务而放松对工作的要求,而是将追求精品服务、追求"品位"、追求效益最大化作为做事的原则与目标,后勤人员也要"让美的行为闪光",这也是学校文化可持续发展的重要组成部分。

学校后勤人员多数是文化程度不高的"大老粗",他们中还包括社会招聘的保安人员、保洁工等。为了让他们的言行与美的校园环境相匹配,我们通过反反复复的沟通、宣传,通过一件件细小的案例分析,把时时处处事事育人的理念,灌输、武装到每一个后勤人员的脑中,并督促其落实到行动上。这样经过一段时间的整治,迟到的、骂人的没有了、不讲卫生的少了、做事"留一点"的不见了;讲节约意识、服务意识、奉献精神的越来越多了,也许这就是潜移默化的影响。环境可以塑造人,同样行为的影响力是无限的,可能一个不经意的举动,比如一张笑脸,一声节日的问候,这种态度感召,传递给他人的就是一种"品位",一种"优秀",都会给人以"美"的享受,从而,相互间有了触动,有所反思与改变,这就是我们这个团队所要追求的,予人以精致化的服务、予人以"品位服务"的美感。

［案例 47］食堂阿姨的节日问候

一次教师节,老师们下了课,急急匆匆赶往食堂用午餐。"节日快乐!"突然一声暖暖的问候从窗口飘出来,接着一只手悠悠地递出一杯酸奶。刚下课的老师也许还满心想着学生不会解答的题目,也许还根本来

不及反应今天是教师节,意想不到的是这温柔的问候居然来自食堂打饭的阿姨,原先可能从来没有认真看过一眼的阿姨!"哦……谢谢!"唐突地道过谢,心里暖暖的。

后勤服务无时无刻都可以挖掘生活中的"善"与"美",它与教育教学是相互联系、并驾齐驱、共同发展的。打造服务育人是发挥服务保障部门价值的最大化效应。

第五章

学校文化变革的进一步反思：
高考业绩与人性文化

在"让优秀成为一种习惯"的办学理念指引下，UN 中学不断探索变革"优秀"学校文化的途径，举办了很多活动，看得见的成果就有很多：教师的教学观、学生观有了很大的变化；师生关系融洽了很多；在过往的学生家长投诉中，很多是通过教育局转到学校，现在随着学校生活越来越透明，已经基本没有直接去局里投诉的，而是与校长面对面沟通，家长越来越相信学校的能力；校园环境也有了明显改观。但是，"罗马不是一天建成的"，在这个过程中，也呈现出一些问题，过多强调刚性管理，强调规范，强调建制所引发的教师压力有所呈现；在积极对校园环境和硬件设施进行改造后，在一定程度上体现出的文化气息，也在一定程度上影响着师生的行为习惯。但我们发现这样的环境建设离真正的文化内涵还很远，它没有真正成为师生生活和记忆的组成部分，没有具备深刻的文化内涵和教育意蕴；没有真正成为引领和规范学校成员行为的动力；没有成为师生的自觉追求。所以它只等同于校园环境的美化，久而久之，这些东西便会失去生命力和鼓舞的力量。这些都引起了我们的深度反思。

一、回到原点问题:高考问题与文化"实效"

改革开放以来,随着人民的需求,社会的进步和教育的发展,人们逐渐意识到素质教育的必要性、重要性和可行性,越来越多的教育实践者也因势提出了学校文化的治校理念,并为大众接受。但是,我们也必须看到,即使是我国的教育行政部门在呼吁学校探索素质教育的培养和评价模式的同时,却不可避免地过分重视"高考分数"和"升学率"问题。于是,这就成为了一个普遍绕不开的"办学原点"。

(一) 高考佳绩:偶然抑或"文化使然"

2011 年,UN 中学高考取得佳绩。这届的学生 2008 年入校,是 UN 中学"回归"公办前的最后一批学生,也是本人到 UN 中学任职后完整三年的第一届学生,在一定程度上是对我校"文化立校"作法的考察和检验。本人刚入校时,当时生源差、教学问题多等情况被教师们认为是前无古人、后无来者的"困难",是问题最多的一批学生,也是受到本人在学校改革动作中最多的一批学生。可见当时本人的压力是非常大的,其焦点是文化立校、文化建校的"实效"问题,它能否保障高考成绩,能否得到社会与校内师生的支持? 我们班子进行了多次严肃的讨论,最终认识到,正如上一章所陈述的,UN 中学的"优秀文化"从来不是另起炉灶、旁门左道,恰恰是针对学校的组织职责、教学秩序和师风学风问题而提出、而改进的。因此,文化建设一定涵括了高考成绩在内的全面素养,一定会促进高考成就。为此,学校还特别对这一届高三的教学工作进行了如下调整。

1. 打破老教师垄断高三的局面

按照原来学校的惯例,高三始终有一批相对固定的老教师把关,他们常年研究高考,确实有比较丰富的经验,但无形之中却也助长了一些不良风气。老教师们居功自傲,不求进一步的钻研,一味关注考题研究,却无法了解近年来的课堂教学改革,且不曾看到年轻老师身上的"韧劲"和"拼搏";同时,年轻教师由于没有上过高三,无法完整、系统地了解高中学科教育的阶段特征,自己的业务成长也受到很大的阻力,毕竟每一个老师都有上进心,尤其是青年教师更能经受磨练,更需要展现自我的舞台和机会。因此,在老师中间难免产生许多矛盾,使得全校文化斗志低落。可以说,这种现象本身就是单一的升学文化所带来的必然,是不符合教育发展趋势的,必须要进行改革。哈格里夫斯将教师文化划分为四种类型①:第一,个人主义文化。它表现在教师通过孤立的从经验中学习的方式学会教学,很少会就有助于教育变革的问题与同事对话,同时,对待其他教师,教师不愿意作出实质性的指导和评论,不愿与他人合作互动。第二,派别主义文化。整所学校分裂为一个个独立的有时甚至是相互竞争的团体,教师个体分别忠诚、归属于某一派别。在各派别内部,教师之间往往联系紧密,共处的时间较多,共享一定的观点和共同追求利益。而在各派别的成员之间,则互不交流、漠不关心,或者相互处于竞争状态,不利于教师的发展和课程的整合。第三,人为合作文化。通过一系列正规、特定的官僚程序而增加教师联合计划和相互讨教的机会,如同伴教练法,为新教师安排指导教师等,鼓励教师之间的联系,鼓励教学技能和专长的分享、学习和提高,协助新方法和新技术的实施。第四,自然合作文化。教师既公开地接受别人的观察,又观察别人的课堂,同事间相互讨论观课的体会,从而打破了孤立主义的藩篱,同时教师在教学中还积极尝试改革,从中学习。只有通过教师文化的发展和转型,才能真正促进教师的发展和教育的变革,使学校成为一个教师相互学习的场所。于是,教师发展中心着重考察教师课堂教学的有效性,并通过教研组备课组的形式研讨,帮助教师更好地成长;学生发展中心着重班主任队伍建设,通过可发展性评价指导青年班主任更有针对性地管理好班级。

根据本人的几年观察和班子成员的商讨,我们坚定地留用了年轻的老师

---

① 冯生尧、李子健:《教师文化的表现、成因与意义》,《教育导刊》2002 年第 7 期。

和班主任,实行三年"循环"方式,促进青年教师系统地发展业务,并多方给予指导,最终取得了佳绩,使得学校改革少了阻力,缓和教师之间矛盾,最重要的是让学校这盘水活起来,为年轻老师创造了机会。

2. 相信青年,不但给予机会还给予指导

就在这样的三年"循环"方式下,UN 中学拥有着一批平均年龄 29 岁的班主任队伍。他们之前在学校工作了几年,积累了一定的经验,有的却始终没有机会升入高三。而这次改革,新的学校文化给年轻老师们创造了机会,但并不意味着对他们不管不问,而是多方给予支持。

[案例 48]团队的力量,促使两位青年教师脱颖而出

2011 届升入高三,有两位恰好工作至第三年、第四年的班主任、化学教师,认真、敬业、刻苦钻研业务,而且班主任工作也相当出色;但他们从未教过高三,缺乏经验。如果让他们继续跟上高三,无疑风险极大;如果不让他们上,班主任工作要重新找人接手,接手的老师未必能够超越他们,而且学生们已经打心眼里认可了这两位"小青年";如果留一个,放一个,然后派一个有经验的老师带教,这倒也符合梯队培养的做法,但无论放哪一个,都会影响积极性。经多方研究、琢磨,我们终于做出一个决定:两位都上高三,并为他们配备了一名有经验的备课组长,只不过把原本两个化学班变为三个化学班。这一招果然奏效,这两位青年教师让许多青年教师好生羡慕,从中看到了努力的未来;这两位教师颇有使命感,卯足了劲往前冲;更加意想不到的效果是,配备的备课组长有过几轮高三经历,但年龄不过 35 岁,看到青年教师如此好学上进,自己也一点不含糊,除了手把手带领他们一起备课,一起研究学生外,似乎比以往更"卖力"了。如此种种,成效是不言而喻。

可以说,这一举措,不仅成就了两位青年班主任教师,更重要的是成就了一个教研组(原来化学组青黄不接),成就了学生。

［案例 49］在班主任队伍建设中引入"可发展性评价"
和"班主任工作日志"

为了鼓励青年班主任脱颖而出，我们制定了"不比基础比进步"的以发展性评价为目标的班主任考核体系，除了常规工作考评，我们还让各位班主任申报可加分的自己拿手的特色项目考评，让评价更具前瞻性，更显人文化。

我们还鼓励班主任撰写"工作日志"，通过每周工作回顾总结，反思得失，促进进步。

就这样，青年班主任队伍不断成长壮大，工作的艺术和品位不断得以提升。

不仅如此，本人还与班子成员进行多方面的研究和考察，采用"唯才是举、能者多劳"的用人方针，实行"青年教师岗位助理轮岗"制度，在青年教师中选出一批骨干教师担任学校教师发展中心、学生发展中心和各教研组长、年级组长等部门的主任或组长助理，对他们提出更高的要求和更大的考验，也为学校人才培养构筑"蓄水池"。

3. 改变原来高三学生的志愿指导为生涯设计

以前为了升学率，经常用一个"赶"字对待学习困难学生，不管学生是否适合，是否喜欢，只要能在高职高专自主招生中减少"分母"，老师们被迫使用各种办法动员学生。现在，我们从学生本身情况出发，根据学生爱好和个人实际能力，帮助学生制定生涯规划，使学生人生的第一次重大选择能有更多的自主性。这种培养学生自主选择能力的文化对学生一定会产生深远的影响。

［案例 50］学生三年的生涯规划

高一新生入学，我们在入学教育中加入"生涯指导"一课，让学生对自己的将来有所规划；在社团课中我们开设美术、诗社、摄影、手球等课程,让学生根据自己的兴趣特长选课。在高一升高二之时,辅导学生进行"加一"选科的准备,对美术、编导、体育等有兴趣的同学,开始利用课余时间进行专业训练;高二学年末,我们辅导学生"加一"选科,我们的原则是:尊重规律,尊重学生需求,适合学生的才是最好的。部分同学对高职高专自主招生感兴趣的,我们还专门开设强化班,为学业水平考试做充分的准备。

由于"生涯指导"以学生为本,辅之以每年高考信息的及时调整,学生们大多数都能找到自己的人生"坐标",各得其所,得到众多学生和家长的认可。这几年,我们连续收到来自家长和学生的多面锦旗和表扬信。

(二) 不同教师的感受与管理者的反思

高考成绩出来后,老师们都很高兴。年轻老师和年长老师不同的感受和解释却意味深长。在心理学家归因原理的研究中提出:对重大事件的解释风格反映了学校文化的价值取向。比如,当遇到重大挫折时,如果把原因归结为外界力量,那么人就会很无助,因为没有能力改变。但是如果把原因归结为可以转化的因素,可以帮助一个人迅速调整心态。同样当遇到成功事件,如果把原因归结为文化的作用,改革的功劳,那么就会坚持;但是如果仅仅归结为老师个人的努力、学校的运气等等,那么就很难找到规律性的东西,让下一届"借鉴"就无从说起。

2011届高考成绩出来后,我们学校得到了上级部门的表扬,"普通学校不普通"的赞誉时有耳闻。我们及时安排各学科、各备课组分别进行了总结。表面上群情激昂,振奋人心,但我们从不同的群体中也捕捉到了一些异样的声音。大多数教师,尤其是青年教师,普遍有着"一荣俱荣,一损俱损"的使命感,认为学校的氛围很重要,"人心齐,泰山移";认为学校的改革是卓有成效的,尤其是师生关系的改善,有助于教学效果的凸显。但是少数中老年教师却不以为然,有的认为是碰巧任课教师水平高,还有人认为是学校运气好,花了大量时间搞文体活动,就算这一届不影响成绩,下一届可能就不会有这么好的运气了。听到这些话语或内心表白,引起我们班子深深的反思。

在目前的教育大背景下，高考升学率问题无法回避；某种程度上，它已然成为社会、家长乃至上级部门对学校评价的最重要指标。因此，在优秀学校文化建设过程中，一系列的改革措施，学生文化活动时间增多，一些老师担心会影响学生学业，进而影响升学质量，这也在常理之中。

但是，作为校长，本人一直坚信：我们所提倡的优秀学校文化是源于学校发展的现实和需求，是源于教职员工发展与学生成长的共同愿景，更不能忘记学校原有的历史和文化，它本身也包含了学生学习成绩的提高。学校文化，正如前一章所指出的，正是为了整顿秩序，提振士气，纠正师风、学风而立的，所以，一方面"优秀文化"作为一种管理学校的策略与方法正是提升教学质量的途径，尊重教师和学生人性，有些像"修水渠"，优秀的学校文化对学生成绩的影响犹如水到渠成，一定会对升学有助力作用。另一方面，"优秀文化"的本质是激发师生人性中尊严与积极的动力，所有围绕优秀文化所做的措施、经验、成就感都会迁移至学科教学、科目考试之中去。三年的优秀学校文化建设实践证明：优秀学校文化建设是有利于学生个性特长发展，是有利于教学，有利于高考的。

二、再省视：领导班子推进文化建设的作用

当前，我国正处于急剧变化的社会转型时期，旧的学校文化模式在逐步解体，新的学校文化还没有完全建立。学校文化需要实现面向未来的转化。[1] 学校应积极参与变革，教育工作者必须把他们自己看作、也被别人看作是变革动力的专家。为了成为变革动力的专家，教育工作者——行政人员和教师也必须成为熟练的变革力量。如果他们真的成为具有道德的目标的熟练的变革

---

[1] 叶澜：《世纪之交中国学校教育的文化使命》，参见叶澜主编《"新基础教育"探索性研究报告集》，上海三联书店1999年版，第195页。

力量,教育工作者将使各种背景的学生的一生发生变化,这样做将使社会在对待变革时产生更大的能量。① 然而,学校文化变革与建设的关键在于主体的文化自觉,主体的文化自觉关键又在校长。校长是学校教育教学工作的全面负责人,将直接影响学校文化建设的进程和成效。

在 2011 年,UN 中学在各方面都取得了新成绩、开拓了新局面、逐渐形成了较成熟的新文化氛围之后,本人引导班子再次进行反思。校长负责制是我国中小学普遍采用的领导体制。对外代表学校,对内主持全面校务。校长基于学校的实际情况,应该规划并建设出富有特色的、有利于学校发展的宏伟蓝图。在 UN 中学变革"优秀"学校文化的探索中,学校文化的核心——办学理念是我提出的。从某种程度上说,与我个人的特质和管理风格息息相关。

(一) 校长责任制——"我"对"优秀"的追求

本人于 1991 年毕业于华东师范大学历史系,无论教学还是班主任工作,本人都兢兢业业,认认真真,曾提前一年半被破格晋升为中级职称。工作第五年起担任政教副主任,一直从事学校管理工作。35 岁时担任正职校长,成为当时区内中学最年轻的校长。当时接手的学校也是一所合并了多所学校后人心涣散的单位,通过几年努力,大大提升了办学效能。虽然在实践过程中积累了一些管理经验,但我始终没有停止过学习,除参加华东师范大学的教育管理硕士学习,还参加了"上海市普教系统名校长培训班"学习,有较强的学习动力。

不管是一个人,还是一个组织,"优秀"始终应该是人生追求的目标。在追求"优秀"的过程中,个人潜能才能得以开发,组织的利益才能最大化。因此,纵观我的职业生涯,在教育大环境不能改变的情况下,我就试图通过改变氛围和环境来改变心态。不管工作的条件如何,局限性如何,总是尽所有能力将自己的工作做到极致。本人认为,作为一校之长,要承担自己应该承担的责

---

① [加]迈克·富兰著,中央教育科学研究所、加拿大多伦多国际学院译:《变革的力量——透视教育改革》,教育科学出版社 2000 年版,第 12 页。

任，无论何时何地，走在学校管理的前面，想在学校发展的前头。作为一个整体的学校，校长要引导学校每一个成员对学校文化的认识、认知和认同。首先，让学校的每一个成员形成对学校文化的认识，了解学校的文化符号、语言、形式、过程，定位学校的使命、理念、核心价值观以及行为准则。校长有责任带领大家共同研究，构建清晰、系统的学校文化，并将其准确地表述出来，合理地营造每个成员之间的关系，通过学校的文化故事感知学校的价值观和理念。其次，让学校成员了解为什么需要这样的文化，组织教职员工深刻领会社会发展变化对学校提出的挑战，准确把家长的需求及其变化趋势告知教师，使教师加深对学校文化的认知，促进教师对学校文化的认同。最后，引导学校师生认同并自觉践行和维护学校文化，使其成为他们生活学习的行动方式，实现"要我这样"到"我要这样"的转变。变革"优秀"学校文化同样如此，校长办学理念的提出必须化为全校教职员工的共同愿景，在工作过程中遇到困难的时候，校长要坚定大家的信心，不但要推动，还能示范，参与，在关键时刻能顶住各方压力，团结全体教职工，将变革"优秀"学校文化进行到底。这是校长的使命和责任。

（二）营造相互信任、亲近无间的干群诉求渠道

1. 鼓舞团队士气，倡导"共情共荣"精神

原来学校的教职工，若对学校有不满，或通过发牢骚，说些不利于团结、军心涣散的话，或是压抑在心里，他们不想也不愿找正规途径来表达诉求，理由是有哪一个领导愿意听意见的?！这种状况一旦遇到"导火索"，定会来个大爆炸。通过近年来各种途径的文化建设，实行校务公开，鼓励大家建言献策，获得"金点子"的老师还可受到嘉奖，在教工大会上予以隆重表彰。这样，大力宣扬每一位教职工的主人翁责任感，鼓励大家珍惜学校荣誉要像珍惜自己的生命一样；同时，本人也要求每一位干部要深入基层，倾听普通教工的需求和心声，及时发现问题解决问题。这样，大家"心往一处想，劲往一处使"的团结合作、共情共荣的局面也就水到渠成。

[案例51]一次别样的座谈会

一次,分管食堂的后勤主任无意间听到老师抱怨食堂的伙食问题,通过调查,及时向我做了汇报。我当即决定召开各方面的教职工座谈会,倾听大家的想法。原来,时近冬天,上完最后一节课的老师吃午饭时常会遇到冷、硬的现象,虽然食堂也采取了一些措施但效果不大;另外,由于学校老师来自五湖四海,口味大相径庭,老师们提出是否可以自制一些辣酱等调味品,以供大家选择。我当即表态,这些问题都能马上解决,同时感谢大家畅所欲言。至于还有一些老师提出的早餐开放时间是否延长等要求,我们也做了不能延长的相应解释,请大家理解并支持食堂人员的工作。

会后,老师们反应极好,认为学校不仅关心教育教学,还关心大家的生活。这别样的座谈会成为了校务公开、领导亲民的一段佳话。

2. 尊重教师从细节的、隐形的劳动价值开始——"退休教师"的欢送仪式

老教师是学校的财富,由于 UN 中学的特殊情况,几乎每年都有退休的老教师。如何利用好这个契机,表达学校尊重教育成就的内隐性与传承,也是学校文化的一部分,为此,改变以往退休教师悄无声息地离开,尝试用一种新的方式传递真情,传递优秀。

[案例52]光荣的退休,感人的仪式

王老师是一位大学毕业就在 UN 中学工作的老教师,他熟悉学校的一草一木,知道学校的每一次变迁,对学校有着很深的感情,在临近退休的半年,受学校所托,担任高一年级的年级组长。在他身上体现了老教师不计个人得失的良好文化传统。退休那天,学校精心策划为他召开了一场温馨而又难忘的欢送会。当屏幕上出现这位老教师从教三十多年来参与学校各类活动的视频,伴随着"朋友"的音乐背景,全场齐唱欢送我们

身边至亲至爱的老朋友,这位老师激动得几次哽咽;当我们把精心制作的写满党政工团班子祝福话语的相册送到王老师手里,当笔者深情款款地诵读自创的小诗,他已潸然泪下……这一份份特殊的礼物,并不在于经济价值,而是表达了学校班子对老教师的真诚关爱,表达了全校教师对自身(教师)职业的崇高敬意。

我们认为,包括退休欢送,教师从来都是与聘任、考评、听课、检查、汇报、表扬、批评等规章制度相伴随的,但是,在 UN 中学,这些制度必须引导我们:党政合力,师生共同参与,将议事决策、教学研讨、奖励惩戒、干群工作等紧紧地结合在一起,以描绘 UN 中学的共同愿景——"让校园更有朝气,让师生更添智慧;让校园更具美感,让员工更加和谐"。

3. 大错不姑息、宣示处事规则——坚持"优秀"的聘任制度

优秀文化虽然具有很强的包容性,也是基于教师和学生的共同愿景,但是,难免会出现与现有文化发生冲突的现象。当然,其最终的结果是,坚持已取得的优秀,让优秀的文化得以弘扬。比如,在学校的危机管理事件中,就能很清晰地反映出在优秀学校文化氛围下,领导班子养成的领导力和应变能力。

[案例 53] 坚持"优秀"的危机管理

有一位 80 后青年教师,华师大数学系本科毕业,有着较好的专业功底,情商较高,人缘不错。可此人有一致命弱点:贪玩,喜欢打游戏(甚至和学生一起玩网游,还颇得学生"青睐"呢),对工作不够尽责尽心,备课马虎,学生作业也不认真批改。经常在讲习题时"卡壳",因此教学成绩与别的同行相去甚远。考虑到青年教师有较强的可塑性,学校决定在适度加压的情况下,为其提供改进的机会。于是为了让他更好地借鉴优秀教师经验,分管校长精心错位排课,让他能听到更多更好的家常课;怀着极大的期待,同时也冒着较大风险,让他任教高三,聘请数学教研组长带教、把关。遗憾的是,这位老师从来都是"三分钟"的热度,无视学校关爱及岗位责任,依然我行我素,令带教老师和同行深感失望。最后教学的结

果可想而知。经过征求数学教研组老师意见，大家建议再给他一个机会。于是新一年为其安排了高一年级教学兼班主任工作，同时校方下了"最后通牒"：如果再不努力，局面没有改进，将予以解除合同。

在这一年里，我们继续刚柔并济，想尽各种方法促进其进步。无奈又是一年的"轮回"，于是校方在合同期满前两个月，一方面提前告知不再续聘，一方面校长为其联系初中学校，根据他的特长（计算机），想方设法为其落实工作单位。在此期间，关照其依然要履行好自己的工作职责。

学校做到仁至义尽，他也无话可说，表示愿意接受这一现实。

让我们颇感意外的是，这位老师在"人人网"上发了一条帖子，透露了自己要离开的信息，同时发表了一些极具煽动性的看法。第二天，班级学生联名写信要求挽留老师。当即由分管校长召开学生座谈会，做了解释和疏导工作。没想到过了两天，学生家长在孩子的央求下，联合起来到学校"讨个说法"。当时我正在市里开会，我一边往回赶，一边要求其他校领导和教导主任接待，做好解释、疏导工作。

当我赶到接待室时，二十余位家长团团而坐，剑拔弩张的气氛扑面而来，几位同仁似乎有点招架不住。我始终面带微笑，非常淡定地倾听家长的"说法"。在这一过程中，我捕捉到两个非常重要的信息：

第一，家长的想法分为两类：一类是"挽留派"，听孩子说这个老师不错，平易近人；一类是"担忧派"，希望学校承诺接手的老师一定要比这位老师好，一定要保证孩子的成绩有进步。第二，这个班级的任课老师中有比这位数学老师糟糕得多的老师，学校为什么不换？

经过短暂思考，我当即做出两项决定：一是尊重家长意愿，可以再给这位老师一个机会，过两个月就是期末统考，全区统一命题和阅卷，具有很强的科学性和客观性，我们看结果再决定老师的去留；二是家长所指"更糟糕"的老师（物理老师）我们将会进一步调查，如若情况属实，会在下学期师资安排上进行调整（另一案例中叙述）。我这一表态，家长一下子安静下来，大多表示认可，接着我顺势提出：希望这位老师能珍惜同学和家长的"知遇"之情，在工作中有所长进，同时请这位数学老师面对面

第五章
学校文化变革的进一步反思：高考业绩与人性文化

与家长做一沟通。借此机会我向这位老师提出要改进的几个方面，诸如备课问题、批改作业问题、打游戏问题等，一方面借此机会让家长们全面客观了解这位老师的特点，一方面试图用这种方式推动他彻底醒悟。

此时，接待室的气氛彻底逆转，家长们感受到学校的诚意，纷纷表态回去后要教育好子女，好好学习，好好配合老师完成教学任务；同时他们也对这位老师提出了进一步的要求。

虽然，这位老师对学校提供的一次次机会未能加以珍惜，最终还是以解除合同告终，但学校还是为其联系好了一所初中学校，临走之前本人又与其促膝长谈，希望他到新的学校能够用心、尽责，这位老师欣然接受。至今我们还保持良好的沟通。

三、在教师文化中引入"心理契约"激励机制

正如上一章所述，在学校文化中，教师是学校文化建设中的中坚力量，他们的生活方式和生存状态是学校文化的代表，同时也在营造着学校文化。学校文化建设正是通过对学校教师的教育理念更新，相关制度的变革，来推进学校文化的变革。叶澜教授认为："没有教师的发展，难有学生的发展；没有教师的解放，难有学生的解放；没有教师的创造，难有学生的创造；没有教师的转型，难有学生的转型。"[①]作为学校文化建设的主体力量之一的教师有着不可替代的地位和作用，教师的转型和发展是变革过程中的重中之重。关注教师发展，不断提升教师自我更新的能力，是学校变革成功的重要构成；"优秀"的教师文化的形成，是学校文化转型的关键所在。校长和其他管理者在此过程中应承担起其对于学校文化转型与重建所起的推动作用，把握好学校的发展，为教师发展搭建平台。这是本人在学校领导班子工作作风之下首先考虑的两个文化侧面。以下两节就是笔者在这两个方面的思考。

---

① 叶澜著：《教师角色与教师发展新探》，教育科学出版社 2004 年版，第 45 页。

（一）既要绩效管理，也要承认、尊重个体差异

和所有普通高中一样，我们的基础文化课、学科成绩是最直接的教育任务，因此像所有学校一样，UN 中学也启用绩效评价体系，制定了教师、班主任、教研组长、中层干部等的考核指标，目的是规范各种教育教学行为，并以此为考核奖励的标准，是人人依照岗位都要努力去达成的目标。但是，这种绩效考核是行政指令占主导，老师是被动执行，缺乏一定的主动性和积极性。因此，我们改革单一的评价机制，在绝对评价和相对评价的基础上，还采用个体内差异评价，进一步激发教师主动发展的潜能。

1. 引领个性发展，激发潜能

教师年龄群体不同，需求不同，自身个性能力都有差异。促进教师个性发展，是教师潜能发挥的重要前提。有心理学家研究发现，60 后教师经验丰富，敢于担当，具牺牲精神；70 后教师更看重领导对自己的价值认同；80 后教师更看重工作本身能否带来乐趣和成就体验。"心理契约"力求达到在满足员工需求与愿望的前提下，促使员工为学校的发展自觉自愿的全力奉献。

[案例 54]"论坛"的主动参与者

之前，每一期的"用爱与智慧守望成长"教师论坛，都是由学校定人选，然后以布置任务的形式展开。在我们大力倡导个性发展、特长展示的氛围中，这种形式已悄然发生了变化。源于一位青年教师向笔者主动请缨，要求学校提供一次论坛的机会，由他为老师培训教学媒体的新型制作方法，因为他在听课过程中，发现很多老师的媒体运用较为单一和落伍，因此他想和大家分享他的特长和经验。欣喜之余，我们帮助他很好地达成了心愿，取得不错效果。

这位教师的举动让我颇为惊喜，它就像一道亮光，大大增强了我们班子的信心，给了我们深深的启迪：以后的论坛完全可以以个人申报和组织推荐相结合的形式来展开，这样既发挥了每一个老师的个性特长，又能让彼此之间相互

欣赏,相互促进,达到"百花齐放"、"百花争艳"的效果。

2. 淡化成绩排名,关注教师工作过程,评选"教师之星"

都说教学成绩是学校生命线,当然不可小觑;但我们可以换一种方式,即对成绩的关注放在平时的试卷分析中,关注教师的教学过程。平时的试卷分析,不针对班级和教师个人,只针对学生的特点,分析影响学生的进步因素。而对教师的个人评价,采取过程关注,突出长处,评选"教师之星"。比如:去年我们评出了"勤劳之星"8 名、"勤奋之星"8 名、"敬业之星"8 名、"教学之星"8 名、"幽默之星"2 名、"博学之星"4 名等。教师受奖面达 58%。而这个过程都让学生会全权操作,名称也是来源于全校学生的征集。这种形式的评选,极大地增强了教师的积极性、主动性和创造性。

(二) 改变单一评价方式,增加"心理契约"成分

"心理契约"(Psychological Contract)是美国著名管理心理学家施恩(E.H. Schein)正式提出的。他认为,心理契约是"个人将有所奉献与组织欲望有所获取之间,以及组织将针对个人期望收获而有所提供的一种配合。"虽然这不是有形的契约,但却发挥着有形契约的作用。企业清楚地了解每个员工的需求与发展愿望,并尽量予以满足;而员工也为企业的发展全力奉献,因为他们相信企业能满足他们的需求与愿望。其意思可以描述为这样一种状态:企业的成长与员工的发展虽然没有通过一纸契约载明,但企业与员工却依然能找到决策的各自"焦点",如同一纸契约加以规范。即企业能清楚每个员工的发展期望,并满足之;每一位员工也为企业的发展全力奉献,因为他们相信企业能实现他们的期望[1]。

尽管学校里有几项关于教师评价的制度,但是在教师的眼里,学校如何评价教师,这是一个没有异议的答案:"成绩就是衡量老师的唯一标准。"在过去的学校文化中,对教师的评价除了分数就是升学,这种评价方式就是学校将教

---

[1]　E. H. Schein 著,仇海清译:《职业的有效管理》,上海三联书店 1992 年版。

师当作教学机器,教师将学生当作教学工具。带来的后果就是遇到好一些的学生老师高兴,遇到差一些学生,老师就会对学生有情绪。因此了解教师需求,改变对教师的单一评价方式,使用个体内差异评价方式,加强心理契约激励。

个体内差异评价是以评价对象自身状况为基准,对评价对象发展状况进行价值判断的评价方法。这种方法与奖惩性评价最大的区别是,评价对象只与自身状况进行比较,包括自身现在成绩同过去成绩的比较,以及自身不同侧面的比较等,没有"大一统"的指标,而是根据不同教师自身的特点和优势,因材施"培",即有针对性地设计、制订培养目标和策略,校长也可依此提出与其个人的"心理契约"。

[案例55]小吴老师的成长轨迹①

每一名教师都有其个性化的背景和特点。小吴毕业于华东师范大学师范物理学系。他高中期间曾获市三好学生称号,大学期间担任物理系学习部长,曾入选过华东师范大学校辩论队并获校级优秀辩手称号。

从其材料履历来看,我们认为他是一个十分优秀的青年,但由于缺乏全面的认识与了解,因此在该教师刚任教时,我们没有盲目地按照"青年教师要压重担"的思路,而是让他只任教一个班,同时,在其任教的第一个学期,为他提供了数个不同方向的发展机会,例如开设校级公开课、参加区级论文评选等,其目的主要有两个:一是要进一步评估其能力与潜能,二是对其人格、情商、处事态度与工作精神这四个方面作初步评判。

在其任教的第一个学期中,我们发现了他的许多优点:思维敏捷,不受传统教育观念的束缚,有相当的创新精神与实践能力;性格开朗,阳光率直,待人真诚;做事认真负责,时间观念强,对待工作十分积极。

但通过观察,我们也发现了青年教师普遍存在的浮躁心态与间歇性懒惰,是阻碍他前进的最大问题。

---

① 陈芬:《教师培养中的个体内差异评价策略和实践》,《现代教学》2012 年第 12 期。

基于对他特点的分析,我们首先认为该教师具有相当的潜力,并是值得重点培养的对象。为此,我们在与小吴老师沟通、交流的过程中,为其制定了"一年打基础,二年站稳讲台,三年成为校骨干教师,并在区里崭露头角"的总体培养目标,同时得到小吴本人的认可。这就为整个培养过程教师个人主动性、积极性的发挥奠定了坚实的基础。

个体内差异评价有别于传统的对教师评价的"简单判断",更加注重"多主体之间的协商";评价的目的都是为了教师的发展,向教师提供多元化、多方面的信息,以帮助教师更客观、全面地认识自我;评价的内容不仅仅局限于学生的考试成绩或公开课的质量等,而要与教师日常的教育教学活动紧密相关,包括教师的基本素质、教师日常工作的状况与过程、教师某一个阶段(如一个学期或一个学年等)的工作绩效,同时注意在评价中给教师留出一定的发展空间。

因此在对小吴老师培养的过程中,我们遵循了以下的原则:

1. 追求效率而非速度。让一位年轻教师尽快成长,时间当然是越短越好,但盲目追求速度,会导致成长脱节,对其今后的发展会造成一定的瓶颈。我们在为该教师提供发展平台的同时,十分注重对其基本功的培养,特别是在教学上安排老教师对其进行指导与帮助。从写备课教案、课堂板书、出题、编排考卷等方面全面入手,为其今后的发展打下扎实的基础。第二年,经初三物理备课组集体讨论研究,由该教师执笔完成初三物理复习计划,受到区物理教研员的高度好评,认为针对性强,颇有实效。

2. 追求个性化而非大众化。每位教师都有其特点,发展也要切合个人兴趣的爱好。和其他教师相比,他的主要优势在于:①作为理科教师但文笔出众;②在多媒体信息技术应用上有一定的基础与兴趣。因此,我们经常为其提供在这两个方面的发展机遇,并针对其特点进行培训与指导。到目前为止,小吴老师在三年的时间里,先后获得两次区级论文二等奖,一次全国论文一等奖,在《教育探索》与《上海市中学生报》上分别发表了文章,还入选了区初三物理考试研究小组成员(全区最年轻的一位)。同时,在信息技术方面,通过我们有针对性的培训,以及他个人的努力,在第三届全国信息技术与学科整合大赛上,获得了初中组二等奖。他所获得的这些荣誉,不仅证明了他自身的能力,也证明了学校根据其自身特点而提供的发展平台的正确性。

3.追求全面进步而非单一发展。我们所认同的优秀教师,是基于作为一名优秀的社会人而存在的,因此在我们的培养机制中,对青年教师人格的培养与塑造同样至关重要。人格的缺失,不仅会影响教师的发展,更容易导致其人生的挫败。在小吴老师的成长过程中,曾因教学上的不如意出现过焦躁与不安,也因无法很好处理人际关系而出现过情绪低落。遇到这样的情况,我们总是与他进行沟通与疏导,帮助其尽快走出低谷。同时,为了能够让他更快地被学校其他教师所认同,第二年让其担任教研组长助理,为其扎实的业务功底和聪明才智的发挥搭设展示的舞台,同时也让更多的老师由欣赏到认同再到悦纳;还因为他工作的热情和主动,当选为年级组的工会小组长,为他与更多的老师进行交流与合作提供了机会。在这样的过程中,使他感悟到作为一名社会人的价值所在。后来作为区内青年教师代表进入上海市中青年骨干教师高级研修班学习,就是对他价值体现的最好佐证。

所有的培养计划都是通过校长与小吴本人协商、沟通后共同来制定、执行的。这一过程是一种双向的教师评价过程,建立在双方互相信任的基础上,和谐的气氛贯穿评价过程的始终。最重要的是在充分发挥教师个人主体作用的前提下,以促进教师的专业发展为最终目的。

从以上这个案例中我们可以看到,对于教师的培养,实施"个体内差异评价",其根本目的不是为了鉴定和"奖惩",而是为了更好地促进教师的未来发展;既是促进教师专业发展的有力措施,而且是纠正缺点、发扬优势的有效途径,最终实现促进教师现实表现和未来发展的融合。"评价不仅仅是为了奖惩,而是为了促进发展"。

学校实施"个体内差异评价",应尊重教师的个体差异,并根据这种个体差异和共同发展阶段的差异，确立教师发展过程中多个阶段的、个性化的评价标准、评价重点及相应的评价方式，明确地、有针对性地给每一位教师提出改进建议、专业发展目标和进修需求等，应尽可能做到切合个人实际，不盲目抬高与鼓励，也不盲目贬低与批评，而是循序渐进，做到有的放矢，全面发展，让每个人各得其所，各展其能。只有这样，才能充分挖掘教师的潜能，发挥教师的特长，使教师在评价中的情感和体验得到珍视，使教师在评价中的自尊和自信得到保护，并帮助不同水平的教师在评价过程中体现自我价值，更好地激发教师的创新意识，促进教师的专业成长。

四、在学生文化中唤起"学生自组织"的作用

（一）从"管理文化"走向以学生为主体的文化自觉

在营造"优秀"学生文化的过程中，作为学校的学生管理部门——学生发展中心的职能在不断的增强，管理的水平也在不断的进步。但是，随着学生文化的不断发展，也使我们发现了管理中存在的问题，以及在引导学生走向"优秀"文化的过程中的问题。

1. 学生文化建设中的"管理"问题

在反思中，学校班子与学生发展中心认识到管理中的一些问题。

在培养"优秀"学生文化的过程中，忽视了学生的主体性作用。在日常管理和学生的活动中，学生发展中心会设置很多现成的活动方案，注重活动的完整性与规范性，从而忽视了学生的主体性作用。只有当活动把教育的要求转化为学生内在需要时，才能发挥良好的作用。

在培养"优秀"学生文化的过程中，忽视了学生文化的创新性。学生文化是不断进步与创新的文化，而学生发展中心在引导学生文化时，没有关注到学生文化的创新性，因而对活动的设计不断重复。一方面，学生失去兴趣；另一方面，活动过程有时就成为了一种形式。

师生关系虽得到改善,但师生情感还需进一步发展。师生关系的融洽,不仅仅是温馨教室,和谐校园的重要指标,更是"优秀"学生文化能够发展的重要因素。教师对于学生文化的引导,教师对于学生活动的投入,教师对于学生的关爱……都是构建"优秀"学生文化不可缺少的元素。经过大力倡导师生共同参与活动,大大增强了师生之间的情感交流,教师开始主动参与到学生的活动中来;学生也在活动过程中重新认识自己的老师,也愿意和老师亲近了。虽然,师生的情感交融在不断的推进,但在过程中还是有很多问题值得思考,也急需解决。比如,师生之间的实际关系是"单向型",而没有形成"双向型"。所谓"单向型"是指在教育过程中,教师担任文化知识的传递者和社会道德伦理的传播者角色。因而,教师在指导学生活动和学习时,经常担任的是方案的制定、决策、命令等角色。在遇到师生争论的时候,教师也会情不自禁地不容置疑。面对现代社会,要求师生关系转变为"双向型"。教师要有向学生学习的勇气,同时在向学生学习的过程,就是发掘学生优点的过程,这才是进行情感交流的正确途径。

在学校文化建设中,新型的师生关系是学校文化建设过程中不得不考虑的问题之一。学习过程的优化是优秀学校文化建设的关键步骤。教育由"学生"、"教师"、"教材"、"学习环境"四个要素构成。学校中的学习活动是在教师的介入下,学生通过合作自主实现的活动。教师对待学生的行为方式,是师生交往模式的重要影响因素。李皮特和怀特通过一个经典性的实验,概括出了四种师生关系和可能导致的学生学习行为[1](见表1)。

优秀的学校文化一定是建立在师生相互平等、相互尊重的基础上,只有这样才能形成文化自觉,让"优秀"的习惯贯穿于学习始终。学生是学校文化建设的主体之一,建立平等尊重的师生关系,营造民主氛围,才能真正激发学生的内在动力和积极性,提高学生的综合素养和创造潜能,才能使"优秀"成为学生主体的文化自觉,实现"要我优秀"向"我要优秀"的转化。

---

[1] 转引自郑金洲著:《教育文化学》,人民教育出版社2000年版,第274—275页。

表1 李皮特和怀特的师生关系类型

类 型	教师特征	学生反映
强硬专断型	对教室时时严加监视; 哟啊球即刻无条件的接受一切命令——严厉的纪律; 认为表扬可能会宠坏儿童,所以很少给予表扬; 认为没有教师监督,学生就不可能自觉学习。	屈服,但一开始就不喜欢和厌恶这种领导; 推卸责任是常见的事情; 学生易激怒,不愿合作,而且可能会在背后伤人; 教师一离开课堂,学习就明显松垮。
仁慈专断型	不认为自己是一个专断独行的人; 表扬学生并关心学生; 专断症结在于其自信; 以我为班级一切工作的标准。	大部分学生喜欢他,但看穿其方法本质的学生可能会恨他; 在各方面都依赖教师——在学生身上没有多大的创造性; 屈从并缺乏个人的发展; 班级工作的量可能很多,质也可能是好的。
放任自流型	在和学生打交道中几乎没有什么信心,或认为学生爱怎么样就怎么样; 很难做出决定; 没有明确的目标; 既不鼓励学生,也不反对学生; 既不参加学生的活动,也不提供帮助和方法建议。	不仅道德差,而且学习也差; 学生中有许多"推卸责任"、"寻找替罪羊"、"容易激怒"等性质的行为; 没有合作; 谁也不知道应该做些什么。
民主型	在集体中共同制定计划和做出决定; 在不损害集体的情况下,很乐意给个别学生以帮助指导; 尽可能鼓励集体的活动; 给予客观的表扬和批评。	学生喜欢学习,喜欢同别人尤其喜欢与教师一道工作; 学生工作的质和量都很高; 学生相互鼓励,而且独自承担某些责任; 无论教师是否在场,学习动机方面的问题都很少。

[案例56]"学生心目中的教师"

为了贯彻"让优秀成为一种习惯"的校园文化理念,彰显"让美的行为闪光"系列活动的主旨。2010年教师节前夕,我校在学生中展开了"记住、爱上、理解老师"的主题活动。在全校同学如雪般飞来的稿件中,我们清晰地感受到了浓浓的师生情谊和教育之美。

高一（2）班

××老师：

一副厚厚的眼镜，一口流利和纯真的英语，喜欢在课上滔滔不绝的补充着一条条语法知识点，在课后更喜欢和同学们成为朋友，倾听我们的心声的好老师。

高一（3）班

×××老师：

返校的时候，陈老师和我们一起劳动。当发现地面有顽固污渍的瞬间，陈老师毫不犹豫地立刻弯下身子，拿起铁铲和同学们一同清除污垢。这个瞬间，让我们记住了一个和我们共同营造美好班集体的身体力行的好老师。

高一（4）班

××老师：

"春蚕到死丝方尽，蜡炬成灰泪始干。"您的谆谆教导，无私奉献必将成为我们不竭的学习动力！

××老师：

"成功＝您的教导＋我们的努力"。您把公式填了一半给了我们，我们也会出色地完成另一半送给您，相信我们！

××老师：

"We will be proud of you"并非用我们的双手，而是用我们努力后的骄人成绩来"be proud of you"。

从学生眼中的教师形象，我们可以看出相互尊重的师生关系，会激发学生无限的潜力，真正使优秀的理念融入到学生的身体里。在原有的师生交往中，在教师眼中，学生只是一块尚待填充的白纸，是被控制的对象。师生之间的交往是单向型的，导致了师生间控制与反控制的关系对立，这就容易造成学生反学校文化现象的出现。因此，我校变革原有的单向型师生交往模式，走向师生对话模式，创造一种民主型的师生关系。

当学校提出教师参加学生活动时，有很多教师不能理解，不愿意参加。经过学校多次倡议和创设机会,鼓励教师尝试参与学生活动,越来越多的教师开始逐渐融入到学生中来,不过,还是局限于班主任老师。更多的时候,老师们还是认为是在完成学校的要求,而不是主动的参与到学生活动中,这样也就没有机会发现学生活动中的教育契机。

［案例57］令学生遗憾的三年

某位班主任在指导学生活动时,总是一手包办活动的设计,从不发挥学生的作用,也不允许学生的质疑。在他执教一个班级一个学期后,这个班级在遇到学生活动时,没有自己的想法,都是被动地无精打采地参与。该班级的学生说:"到时候听班主任怎么说怎么做就是了,反正是完成学校任务呗。"高三时,该班级的学生感叹:三年高中,从没有感受到高中学生活动有什么意思。

师生之间的互动,有时呈现"功利型",而不是"主动型"。"主动型"的师生互动,是一种和谐的师生关系,就是要求师生之间形成和谐的互动,即师生共同参与教育活动。因为只有当教育指向与学生的学习动机趋于一致时,才能达到最经济、最快捷的教育效果,同时要求师生互相适应,达成默契,相互补充。

2. 重视文化的经验体验,培育学生的文化自觉

找到了"问题"所在,我们开始做进一步的改进。在设计德育活动中,我们一方面关注学生活动的完成情况,但更希望强化学生的道德体验,培育学生的文化自觉。所谓文化自觉,费孝通先生曾有过一个经典的解释:文化自觉是"生活在一定文化中的人对其文化有'自知之明',明白它的来历、形成的过程,所具有的特色和它发展的趋向,自知之明是为了加强文化转型的自主能力,取得决定适应新环境、新时代文化选择的自主地位。"学校的文化自觉是指学校人员对学校文化的重要性、学校文化的历史与传统以及学校的文化使命有清醒的认识,并在学校变革的实践中创造性地吸收传统文化与世界文化的优秀成分,主动构建与时代精神和行业个性相适应的学校文化,创造良好的

文化生态环境,以促进师生积极主动的发展。① 学生是青少年德育工作的对象,也是青少年德育活动的主体,只有培育学生的文化自觉才能真正形成优秀的学校文化。要实现预定的德育目标,就必须避免空洞的说教,从学生的思想实际出发,尊重学生的主体地位,充分发挥学生在德育实践中的能动作用,希望让学生在具体的实践活动中体验到道德规范的要求。

[案例58]18 岁成人仪式上的"困惑"

高三年级在赴龙华烈士陵园进行十八岁成人仪式宣誓时,学生们沉浸在迈入成年人行列的喜悦中,当要求每一位学生在无名烈士纪念碑前举起右手庄严宣誓时,学生们都能庄严肃穆地完成宣誓仪式,并且彼此真诚地祝贺。但是在回答"为什么要在烈士陵园进行成人仪式?"的问题时,学生们显得很困惑。他们更多地是以一种直觉的方式认为,这是学校安排的,这里是一个有意义的地方。但是对于缅怀先烈,继承先烈遗志,承担起建设祖国责任这样的深化的内涵,学生们的体验往往是苍白的。

情系雅安,爱驻我心。

"安逸的村庄,树倒草倾,喧嚣的姜城,墙裂梁断"。四川省雅安市芦山县发生 7.0 级地震牵动了全国人民的心。

一方有难,八方支援。5 月 7 日中午,我校操场上洒满了爱的阳光。全校各班同学纷纷捐出自己的心爱之物进行"爱心义卖"。义卖以班级为单位设摊布点,义卖物品有书籍、文具、工艺品,还有衣物、瓷器、茶具和生活用品,有的甚至把家中的藏品也拿了出来,可谓琳琅满目,物品丰富。学校领导、老师、同学们踊跃参与现场的义卖活动,现场人头攒动,穿梭往来,充满了爱的温暖和力量。大家纷纷慷慨解囊,将哀思化为善举,争相购买物品。只历时半个多小时,几乎所有物品被抢购一空。义卖总额达到 6680 元。虽然义卖金额有限,但这是同学们的一份爱的奉献。

---

① 徐书业:《学校文化建设研究——基于生态的视角》,华东师范大学博士后出站报告,2007年,第 110 页。

与善同行,责任在肩。我们将尽我们自己的微薄之力为灾区人民献上自己的一片爱心,共建美好家园!

所以,在道德体验活动中,一方面当然应该促使学生积极参与,让他们在亲身体验中获得感悟,但是更重要的是在感悟中不断磨砺意志、陶冶情操、提升自我;从另一层次来说,这个过程对于教师也提出了更高的要求,要求教师可以通过适当的引导,把多元的教育意图巧妙地融入德育活动中。在设计活动时我们要更多研究学生的心理特征,充分发掘学生自身的闪光点,以学生乐于接受的方式开展各种德育活动,并在德育活动进行的过程中,抓好细节渗透,适时向学生传递德育理念,使学生首先关注到每一个活动细节中获得的体验,然后在教师的帮助下主动对体验获得的感性材料进行加工,得到德育活动需要的理性认识。另外,还要认识到学生的健康发展是一个长期的过程,不可能毕其功于一役。德育工作不能搞突击,而应做到潜移默化、集腋成裘;应充分重视德育活动的过程,不断创新方式方法,使德育工作富有吸引力,更加适应、更加符合学生的成长规律,从而进一步提高德育活动的实效。

学生是"学生文化"的主体,培养"优秀"的学生文化就是为了促进每一位学生健康发展。因此,注重学生个性发展,培养学生自主意识,养成文化自觉,就显得非常重要。

[案例 59]东风敬老院的慰问活动

为了培养学生的责任意识,亲身体验敬老爱老的真切感受,学校与街道"东风敬老院"建立共建关系。每逢节假日,学生以小组形式结伴而行,为孤老们表演节目、拉家常、梳头、整理房间、诵读优美文章等等。一开始同学们还是以完成任务为主要目的,但当每一次要离开敬老院时,慈爱的老人们囔囔说着"谢谢"、"再来啊",一直把同学送到门口,那一种真诚与不舍令同学们深受感动,他们深深感受到老人们的孤独和需要,感受到自己的绵薄之力能够让老人家感到快乐,这是一种幸福,更是一份责任。久而久之,同学们慰问敬老院,已经不再局限于完成任务了,他们把它当作了一种自觉的行为。这是由"体验"带来的成效。

（二）重视学生评价中"积极文化"的导向作用

学校对学生的评价体系还是比较落后,不能体现发展性的评价准则,也不能对"优秀"学生文化的形成起到促进作用。我们尝试着去纠正学生评价中的"唯分数"倾向,毕竟评价是指挥棒,我们看重什么就引导什么文化。此外,只是单一的对学生进行评价必然不能吸引学生,也不能引导学生进步,现阶段学校对于学生的评价还存在这样的一些问题。

1. 评价内容仍然过多倾向于学习成绩,忽视了学生的实践能力、创新精神、心理素质以及情绪、态度和习惯等因素的综合考查,有的更是依靠诸多的管理制度来为学生打分,而没有真正的从思想上提高他们的更重积极的主动性。

2. 评价标准仍然过多强调共性和一般趋势,忽视了学生个体差异和个性化发展的价值。也就是没有关注到学生的发展。

3. 评价方法仍然以传统的公选或老师推选的方式为主,而很少采用体现新评价思想的手段与方法。基本上没有形成教师、学生、管理者等多主体共同参与、交互作用的评价模式。

4. 评价重心仍过于关注结果,忽视被评价者在各个时期的进步状况和努力程度,不能很好地发挥评价在学生思想、行为发展中激励引导功能,没有真正发挥评价的激励引导和改进提高功能。

5. 评价只限于对学生某一阶段发展的考核,而缺乏对于学生整体发展的考虑,因而也缺乏系统性。

在培育学生的文化自觉过程中,我们忽视了评价体系的可操作性。每一项学生活动的结束,对学生的活动都是单一评价方式。在评价上,或者只是针对本项活动展开的评价,或者是只针对活动结果进行的评价,没有顾及到评价的可操作性,也没有顾及对活动过程的评价。

我们试图改变这种传统的评价模式,引入"校园之星"的评选,旨在改变过去"三好"学生只有极少数同学才有资格参评的局面,要让更多的学生体验到被认可的成功和喜悦。我们尊重差异,鼓励扬长,要让每一位学生身上的闪光点得以发扬光大，要为每一位学生搭设展示的舞台。为此，我们尝试把"校园之星"的评选贯穿于学生校内外生活的始终，每一项活动都能评选出"校园之星"。比如，军训活动我们评选"奉献之星"、"才艺之星"、"迷彩之星"、"勇毅之星"等，让每一个方面表现突出的学生都能得到表彰，如此以点带面，"优秀"就像星星之火，燃遍每一个角落。

[案例 60] "小金同学亮闪了！"

文化艺术节"校园达人秀"舞台，小金同学带领五六位男生，自创舞蹈。他的优美舞姿，忘我表演以及创作的才情，让全校师生刮目相看！平时的小金，文化成绩偏差，寡言少语，一点儿也不出众，常常会被周围的人忽略。没想到他在艺术才能上如此出彩，校园"才艺之星"称号非他莫属。

我们发现，这次展示得到广泛认可之后，小金变得开朗、自信。老师在"生源规划"指导时，鼓励他朝艺术方面发展。经过思考，小金选择了编导专业。现在升入高三，小金学习状态、精神状态等方面都呈不错势头。

因此，发展性学生综合评价则是我们的文化所大力追求的。它是指依据正确的教育价值理念，运用合理的评价方法和艺术，在充分尊重事实的基础上对学生的素质发展进行价值判断，促使学生不断认识、完善与发展自我的过程。发展性学生评价主要的目的"不在于证明，而在于改进"，即它不以鉴别分等，奖优罚劣为最终目的，而是以"人"的发展为出发点和归宿，尊重学生的个性和需要，促进学生的进步和发展。

（三）尊重学生正式组织职能，培育学生领袖

尊重学生，发挥其主体性，把优秀文化养成不仅仅看成是学校的要求，更是学生内在的需要，这就意味着我们必须重新审视学生组织的功能。学生组织，尤其是学校常规所设置的正式组织，团委与学生会及其下辖的各班对应的团支部与班委会往往是摆饰、虚设，现在，我们要正视其作用。

在经过学生会、团委改选后,新一届的学生干部组织已经初步形成了,学生会和团委各部都拟定了各部的工作职责和范围,并制订了新的工作计划和活动安排。这个过程是新任的团委和学生会干部在老师的指导下制定完成的。而当这些学生干部真正投入工作时,又出现了一个不可回避的实际问题,在组织制度规范后,如何才能使学生正式组织真正具有活动能力和战斗力?而这个过程,起引领作用的学生领袖是必不可少的要素。

学生是人生的必然经历。学习知识,学习文化,学习做人。培养具有时代气息的优秀学子是时代的需要。每一阶段的学生状况,特别是"精英学子"的状况,都直接影响着下一阶段的社会状况。因为正如伟人所说,他们就是早上八九点钟的太阳,他们是一个社会的未来。所谓"领袖气质",在最高意义上体现着一个人的综合素质。对于学生而言,理想的状态是在不同的求学阶段,通过担任学生干部,在团队中学会了建立信任、解决冲突、在公众场合演讲的技巧以及学习的方法,获得了领袖素质,丰满了自己的人生,也为社会创造了珍贵的价值。

而对于我校的实际情况而言,大多数学生在初中学段没有担任过学生干部,曾有过学生干部经历的也只是负责相对比较固定的或者工作范围比较狭窄的职务。基本没有学生通过担任班长以上的职务被培养出了一种比较强的组织协调和创意设计能力。在面对学生会干部这样的需要面对全校范围进行组织协调的能力时,学生们往往表现得力不从心。大多数学生干部只能做一些简单的事务性工作,而能够承担起组织协调或者带领一个部门进行职责范围内的创意活动的学生领袖可以说是完全没有。

[案例 61]学生会的现有问题

学生会自组建宣传部以来,学生会干部工作积极性很高,清楚了解学生会活动的海报宣传应当归属宣传部完成。可是宣传部部长在每次活动海报计划制定时依然要询问团委指导老师,海报的数量、内容、甚至连海报纸和需要的颜料画笔工具也要老师安排领取和保管。体现了独立工作能力的缺乏,也是一种学生领袖气质的缺乏。不能独立协调统筹工作的开展，也不能对职责范围内的工作创造性地组织开展。

学生是"学生文化"的主体，培养"优秀"的学生文化就是为了促进每一位学生健康发展。因此，注重学生个性发展，培养学生自主意识就非常重要。

1. 传统优秀品质不能丢，培养优秀学生文化要继续倡导刻苦学习的文化传统。刻苦学习是中华民族的优秀传统，"三更鸡鸣五更鼓，正是男儿读书时"，"少壮不努力，老大徒伤悲"，"莫等闲白了少年头"，这些都是先贤的经验总结。随着物质生活的丰富，享乐的思想逐渐蔓延，刻苦学习似乎成了"过去时"。所以一方面要调动学生积极性，另一方面宣传传统的优秀品质，让学生自觉自愿的努力学习。

2. 注重学生个性发展，更要强化学生的责任意识。文天祥死前曾书："孔曰成仁，孟曰取义，惟其义尽，所以仁至。读圣贤书，所学何事，而今而后，庶几无愧。"文天祥的这段遗言强调了他的责任；周恩来"为中华之崛起而读书"也强调了一种责任。今天的学生却很少谈及自己的责任，对别人要求的多，对自己要求的少，以至于放任自流，我行我素。强化责任意识是要使学生养成承担责任的习惯，言必行，行必果，这是做一个优秀学生的基本条件。

3. 培养"优秀"学生文化，还必须强化学生的人文意识。二期课改就强调了人文精神，这是教育价值观的理性回归。在高中语文教材中，教材的编写者们精心安排了"人与自我"、"人与社会"、"人与自然"几个版块。这种安排体现了编辑对人文精神的基本认识。"人与自我"这个版块强调的是认识自我、珍爱生命，可以说这种认识是十分必要的。面对挫折如何应对，这是学生成长过程中必须面对的人生问题。"人与社会"关注的焦点是"人与人如何相处"的问题。

我们的先贤强调"老吾老以及人之老，幼吾幼以及人之幼"，在今天的经济大潮冲击下我们该如何处理人际关系，这也是中学生必须面对的人生课题。因此，以教材为依托，强化学生人文意识，对学生正视自己、正视社会、正视自然具有现实意义，也是培养"优秀"学生文化不可缺少的一块内容。

4. 大力完善学生干部培养体系，塑造具备引领作用的学生领袖。重视学生干部管理，组织能力的培养，普遍提高全体学生素质，这也是学校教育所追求的目标。对学生干部的培养要坚持活动中发现人才,使用中培养能力,通过不同的学校活动发现不同学生的个性特长,能力的培养必须立足于学生组织的形成,适合不同学生干部个性的发展,对于不同的学生可能有不同的能力特长,有的学生干部擅长组织协调,有的适合人际沟通,有的则长于创意拓展。在学生干部的组织培养中要能够考虑到学生的个性,以活动为载体做好协调。

在了解了不同学生干部的个性和能力特长后,通过团委、学生会的改选组建了一支强有力的学生干部队伍,也形成了分工明确、组织有力的学生正式组织。而学生干部从单纯的想要做事到能够独当一面地开展工作还有一段很长的距离。所以要在活动中通过教师指导,锻炼学生干部的工作能力,把活动中能够由学生干部承担的责任下放到学生干部的手中,最终使学生干部组织活动的能力得到提升。再通过学生干部自身素养的提升来实现学生领袖的培养。

［案例 62］学生干部的具体培养

在体育节和艺术节等大型主题活动中,首先通过协调会进行分工,把学生会能够承担的部分分工明确到位,比如活动的前期宣传、活动素材的收集、各项赛事的安排和节目的组织等,都可以通过学生会的宣传部、文体部、自管部等落实下去,使相关的学生干部得到直接的培养提高。

另外,学校成立"学生业余党校",吸收学生中的先进分子,通过学习、实践等多种活动形式,提高业余党校学员的政治理论水平和实际工作能力,更好地树立服务意识,更好地参与到学校各部门的各项活动中,从而使业余党校学员在日常学习、工作和生活中都能起到一定的模范带头作用。

五、持续发展寻找学校文化变革的新动力

变革"优秀"学校文化,就要不断寻找新的优秀文化的生长点,始终保持对优秀学校文化的敏感。

（一）希望在青年

学校干部，无论是行政干部还是业务干部当然是学校文化的引领者。学校文化永远处在发展之中，而我校青年教师是学校教师队伍的重要组成部分，是学校发展的希望，是学校可持续发展的后备力量。《国家中长期教育改革和发展规划纲要》的颁布实施，对教师学历阅历、专业技能、实践能力等提出了更高的要求，教师面临着新的挑战。为了提高我校教师队伍的整体素质，学校于2011年成立"青年研究学会"，并制订了学校教师专业发展规划。

1. 制定《青年教师发展规划》，加强青年教师梯队建设

我们制定了青年教师培养目标——"一年站稳讲台、二至三年胜任教育教学工作、三至五年成为把关教师"；探索青年教师培养路径——"专家引领，同伴互助，自主发展"；积极为青年教师的成长搭设平台，适时关心，严格考核，及时反馈；抓好教研组、备课组长的职责落实和示范督导，带动青年教师各方面快速成长。

［案例63］青年教师的五年规划

每一位初职教师，我都要求他们根据 SWOT 分析法，制定自己近五年的人生规划。按照"规划"，我会不定期地找他们谈心，了解他们的工作体会、生活感悟、近期目标等，适时点拨长处与短板，让他们时时感受校长的关怀。这种"关怀"既是动力，也是压力；这种"关怀"，让我能及时捕捉青年教师的思想与成长。

科研引领，优化师资队伍，促进优秀习惯养成。师资队伍建设是学校可持续发展的重中之重。针对当时大量骨干教师退休，有些学科出现数量富余而质量短缺的矛盾、有些学科出现把关教师发生断层的现状，我们提出队伍建设的工作思路是："适当引进，自培为主；机制引导，政策激励；制度把关，科研促进"，提出"师德为本，师能为基，师训为径，青年为重"的工作目标，并通过"自主发展、同伴互助、专家引领"的工作途径，努

力建设一支理念新、知识宽、思维活、基本功扎实、综合能力强、结构合理的师资队伍。目前我校拥有2名市级名师名校长培养工程后备人选、1名市级德育骨干教师实训基地成员、2名市级青年骨干教师研修班成员(物理、化学)、1名区级学科名师、15名区级骨干教师(百花奖)、5名区级学术专委会成员。

1. 立足课堂,科研引领,不断提升教师育德能力和业务水平——让研究成为一种常态

(1)通过"三个一"等教学常规提升课堂效益

这是我校人人参加的研究教学的常规工作。由最先的"六个一"到"四个一"再到现在的"三个一"(一份学情分析、一份公开课教案和教后记、一份"微格"后的反思),这不仅体现的是研究教学的"靶心"越来越精准,越来越贴近师情和生情,这本身就是集体智慧的结晶,也是研究的结果;同时还体现了自主研修的特点,老师们在教的过程中,不由自主地把学习和研究自发结合起来,养成优秀的研究习惯,主动思考,有利于实现课堂的有效性,也促进了教师自身的专业化发展。

(2)专家指导,课题引领,不断提高教师的科研能力

①突显专家引领的作用。邀请多位专家、教授做专题报告,开阔教育视野,吸取教育新理念,帮助教师解决研究中的实际困难。

·华东师大葛大汇教授——《照镜子:"微格教研"与工作效能》;

·特级教师张长江院长——《从"学业考"谈课堂教学的有效性》;

·特级教师特级校长王志刚——《理解课改精神 推进课堂教学改革》;

·华师大青少年心理健康教育中心张麒——《不一样的90后》;

·华师大青少年心理健康教育中心叶斌——《新生代的心理和教育》。

②确立统领的课题。根据我校学生特点(全区后20%的学生,普遍存在一定程度的学习困难现象),我们确立了《普通高中学习困难学生课堂学习心理分析与调适策略探究》的总课题。此课题成为全国教育科学

规划立项课题。两年来，本课题立足课堂，对学习困难学生的课堂学习心理进行调研，我们发现，学习者的学习心理状态既是可以观察到、测量到的，又是可以控制和调节的。并通过积极探索提升学习困难学生的课堂学习心理的实施方案，让教室温馨起来、活跃起来，对于提高课堂效益具有较强的可行性和实践性。通过研究，老师们对学习困难学生的了解有了突破性的进展，进而调整教学策略，逐步做到有的放矢，水到渠成。近年来，尤其是今年高考创历史新高，得益于老师们对课题的研究。

去年，在区德育室的指导和帮助下，我校向全区进行了课题中期展示，我在会上做了《优化学习心理，打造温馨课堂》的主题发言。

（3）以各类教研活动为阵地，合理优化校本研修

·反思高考，研究高三教学得与失。每一届高考结束，我们都进行反思和总结。通过认真分析当年高考题，并结合考题撰写高三教学的得失谈，从而调整教学策略；同时也为新一届高三提供了极具价值的经验教训和建议指导。在反思中收获，在反思中进步。

·反思课堂，开展"微格"教研。从去年开始我们开展"微格"教研活动。让每一位老师自己给自己"照镜子"，自己给自己找"茬"，通过反思来改进教学行为。看过每位老师写的"我与微格亲密接触——教学反思后记"，我和我的班子被深深震动！有的老师"微格"后幡然醒悟："我这样的错误居然持续了十几年"！有的老师终于发现"为什么学生如此怕我而不敢回答我的提问"！随着"微格"的深入，我们收获最多的是老师们对课堂教学效能的反思。

·开展联合教研活动。不同教研组跨学科进行教研活动，以期经验共享，集思广益。

·进行课例交流，提升教师教学智慧。"课例交流"主要解决课堂教学"教什么"和"怎样才能教得更好"的问题。通过反思式观课、互助式观课、鉴定式观课等环节，老师们不断更新教学观念，不断解决教学问题，不断改进教学行为，进而不断提升教学水平和智慧，让学生在教师的不断进步中成长。

· 开设教师主题论坛,感悟先进的教师观和学生观

论坛也是一种教研形式。"用爱与智慧守望成长"是我校系列教师论坛的主题,这是我们校本研训的重要平台。老师们通过一个个鲜活的教育教学案例,讲述对师生关系的感悟、对教学教法的反思、对领导同事的感恩、对温馨教室和谐校园的体会。通过思维碰撞,老师们因为思考而增添教育智慧,因为研究才会产生思想的共鸣;通过经验分享,提升了教师对师德的感悟,提高了教师育德能力和教学水平。

2. 改革评价,多元发展,进一步激发教师主动改进的潜能——让激励性评价成为一种习惯

通过"微格",我们发现每一位老师要改进的内容都各不相同,因此我们在常用的相对评价(竞赛性的评价)和绝对评价(达标式的水平评价)的基础上,引进"个体内差异评价"的方法来评价老师。这种评价没有统一的标准,而是依据每一位老师的特征(擅长什么就发扬什么、不擅长什么就去改进什么;或者针对某个老师专业发展需求,为其"量身定做"发展规划等),通过校长与其"一对一"面对面的商讨找出自己认为应该去改进的方面(一个阶段改进一项或几项),制订自己愿意去达到的目标或计划。这是一种建立在双方信任基础上的"心理契约"。由于校长的信任,老师在接受评价过程中的情感和体验得到尊重,就容易激发出自主的热情,这种热情往往会带来自觉的行为改进;又由于目标指向比较明确,有的放矢,教师的成长也就水到渠成。

3. 目标引领,机制创新,尽快促进青年教师成长成才——让梯队培养成为一种制度

学校 35 岁以下青年教师占三分之一多,如何让青年教师尽快成长,成为学校师资发展的重中之重。

(1)制定《青年教师发展规划》,重视青年教师的梯队培养,积极为青年教师的成长搭设平台。

确定培养目标:一年过关(能够熟练地备课、上课);二年入门(掌握所教学科的技能、进行较好的班级管理);三年站稳讲台(具备较强的驾

驭课堂教学的能力,能够熟练地展示各种类型的公开课);四至五年成为学科骨干(在学校成为把关教师,在区里享有一定知名度)。

培养路径:自主发展、同伴互助、专家引领。引导青年教师制定个人发展规划。同时抓好教研组长、备课组长的职责落实和示范督导,带动青年教师各方面快速成长。

(2)成立"青年研究学会",开展行动研究:如各种教学技能大赛;同课异构;对五年内高考试卷的知识点整理分析(有的青年教师得到了教研员的首肯)等。目的是创设一种积极向上的、充满学术氛围的探讨研究机构,把"青年教师学会"培养成为年级组长、班主任、教研组长、备课组长、科研室、骨干教师的"预备队",成为学校优秀师资、干部的孵化器。

(3)把"师徒结对"制落到实处。通过导师(本校与外聘结合)的传、帮、带,使青年教师尽快适应教育教学工作。

通过以上措施,青年教师进步很快,学校中层岗位现有6名青年教师,每个学科的把关教师中都有青年教师,同时青年教师科研的参与性、主动性、水平性都有较大提高。三年来共有3位青年教师进行市级公开课展示。2009年底,在区教研室中教科组织和帮助下,我校向全区展示了以"合作 交流 成长——促进目标达成,共建和谐课堂"为主题的教学研究活动,我在会上做了《提高课堂教学效益,促进师生共同成长》的交流发言;有九位青年教师同时进行了教学展示,得到听课专家及市名校长基地成员的好评。

2. 成立"青年研究学会",促进青年骨干教师的快速成长

"青年研究学会"有别于学校官方的正规组织,是一个在学校主张下,由35岁以下青年教师自发形成的一个非正式组织。学会会长、秘书长的人选完全由青年教师自行选定,每学年活动计划由会长制定,然后集体讨论通过,学校行政提供经费、人力资源等保障。青年研究学会能够向青年教师提供学习、交流和展示平台,青年教师可以收获更多的教育经验,加快成长的步伐。通过各类教育教学的学术讲座等学习平台,提高青年教师教育素养,提升教育理

念;通过交流平台,促使不同年龄段的青年教师之间形成经验互补,取长补短,共同进步;通过展示平台,促进教师之间的相互学习交流和专业发展,提高教师的教育信心。青年研究学会采取理论与实践相结合、继承与创新相结合的原则,平均每两周活动一次,活动内容主要涉及教育教学范畴内前沿理念,并就学校青年教师特点开展针对性较强的相关主题活动。比如,他们想要听有关课改的前沿信息,学校根据需要帮他们物色专家来讲座;会员之间的交流渠道更为畅通,他们会自告奋勇分享教育教学心得体会,然后展开讨论。目的是创设一种积极向上的、充满学术氛围的探讨研究机构;把"青年研究学会"培养成为年级组长、班主任、教研组长、备课组长等骨干教师的"预备队",成为学校优秀师资、后备干部的"孵化器"。我们采取多样化的活动形式,如专题学术讲座与报告、个人研习与组内交流、教学实践与听课评课、教育教学相关课题研究;安排与时俱进的学习内容,如涉及到教育心理学、教育管理学、上海市中学课程改革等若干涉及青年教师较为关注的内容的专题报告,以及组织教师进行校、区等各级研究课活动和结合当前中学教育教学、教学改革等热点问题进行课题研究活动的开展;鼓励笔耕不辍的业务钻研,如每学期假期读一本与教育教学有关的书籍并做好读书笔记,落实教学基本功的提升,倡导写详案,导学案关注学生,提倡分层,以及做好近五年的上海市高考试题的分析工作。

[案例64]分享感悟——踏上讲台之履

"青年研究学会"的第一次活动,是由一位青年教师跟大家分享工作以来的感悟。学会邀请了我们所有行政班子成员参加。这位老师从自己的学习和工作经历谈起,感受"态度的力量"为自己带来的改变。他的一些感悟让所有青年教师和我们班子成员深受启发。比如,他以自身成长的例子告诉大家,态度的力量大于环境,重要的不是你身边有什么样的人,重要的是你想成为什么样的人;环境只是借口,一切由你的态度决定。

青年研究学会于2011年成立至今,每个学期都组织一系列的自学、研讨、交流等活动,目的是借此提升青年教师的教育教学技能素养,加快青年教师的培养步伐和力度。本学期已先后举行了 2013 年高考学科解析、《教师成长的 40 个现场》读后感交流、德育工作案例分享等活动，此次粉笔字大赛也是青年研究会系列教学技能大赛的一部分。通过现场抽号、编号、书写以及评委的无记名打分。比赛结束，青年研究学会成员纷纷表示，由于现代化多媒体的使用日益频繁，传统的粉笔字书写有所忽视，经过赛前的练习和现场比赛，越发意识到一线教师写出一手漂亮粉笔字的积极意义。日后，也要多多加强此类基本功的练习，提升自身教学素养，体现让优秀成为一种习惯理念。

我们发现，这种同伴互助式的培训，有时候会起到意想不到的效果。这是榜样的力量，是共情的结果。

3. 树立榜样和示范群体

以"四心教师"为标准，以"教师之星"评选为契机，以区级金穗奖、百花奖、春蕾奖、新苗奖为源动力，不断激励教师努力奋进，把骨干教师优秀的经验及时挖掘、有效推广，发挥效益最大化。

（二）完善文化培植的基本环境——校本课程

美国的詹姆士·B.麦克唐纳曾引杜威一名话说："正像杜威所评述的，教育哲学是一切哲学的实质，因为它是'研究如何去占有这个世界'。同样，我们也可以说，课程论是教育理论的实质，因为它研究如何去占有学习环境的。"可见课程在整个教育活动与现象中具有核心的地位。

在美国教育辞书中有代表性的定义是《美国新教育百科辞典》里"课程"条目的解释："所谓课程系指在学校的教师指导之下出现的学习者学习活动的总体。"[1]公认的说法，课程是"学习者在学校环境中获得的全部经验"或"学习者在学校指导下获得的全部经验"。[2]

---

① 陈侠：《课程研究引论》，《课程·教材·教法》1981 年第 3 期。
② 瞿葆奎主编，陆亚松、李一平选编：《教育学文集·课程与教材》，人民教育出版社 1988 版。

1.提升校本课程的质量,给予文化成长的环境

文化是一种精神表现,是一种价值追求,但是在学校教育中,我们必须将之转化为可见的活动,给予学生成长发育的环境。

学校初步建立了德育校本课程的框架,但是实施的情况并不理想,校本课程对"优秀"学生文化的形成有着重要的指导作用。而现阶段学校德育校本课程的实效性没有得到发挥。

(1)学校现有德育校本课程缺少系统规划,在各年级中分布也不均匀,有交叉、重复和缺失的现象,缺乏系统的、内在的联系,有一定随意性。

(2)学校现有校本课程未形成相互衔接、有序递进的目标序列,活动指向性不够清晰。

(3)学校现有校本课程类型较多,但未形成完整框架体系,相互之间缺乏整合,有一部分互动的内容和形式陈旧,不被学生喜爱。

(4)学校现有德育校本课程仅有校级层面实施方案,对教师个性化实施缺乏具体指导和要求。

(5)学校现有的德育校本课程体系,还是更多的对学生技能和知识的培养,而忽视对学生精神层面的引领。

同时,在培育学生的文化自觉过程中,我们忽视了学生文化的系统性。学校组织很多的学生活动,每个活动相互独立。从横向看,活动与活动之间的联系缺乏,单项活动完成即结束,没有延伸和系统归纳;从纵向看,活动做做停停,没有阶段的安排,也没有学年的规划。因而,在"优秀"学生文化的培养过程中,管理上就呈现出临时化、零星化的毛病,没有系统的规划。

针对这一系列问题,学校应当以本校学生年龄特征和心理品质发展为本,有目的、有组织、有规划地梳理现有学校各类校本课程,通过确立目标、内容、策略、途径和评价方法,不断规划更适合学校"优秀"学生文化发展的德育校本课程架构,更加注重于对学生精神引领;活动的规划要有鲜明的主题,要有系统性,要纳入学生整体培养目标体系。

2.完善校级、班会活动形成"文化"系列校本课程

蔡元培指出,德育的最好途径为美育,它"是引导人从现象世界过渡到实体世界的津梁",美育应用于教育"以陶养感情为目的"。即通过美感教育使学生达于最高精神境界,拥有高尚纯洁的习惯,而"去私忘我,超脱利害",消除损人利己的私念。这与我校的"让优秀成为一种习惯"的办学理念是一脉相承的。

所以,"让美的行为闪光",这不仅仅是一个活动的口号,它要求每个学生在行为上追求进步。让学校和学生在"让美的行为闪光"主题的指引下,完善德育校本课程,逐步形成优秀的学生文化。

(1)推进"让美的行为闪光"系列活动——完善现有的,开拓更好的

三年来,学校逐步把各项常规活动归入"让美的行为闪光"的主题下,形成了系列活动,并且使常规活动有了主题的引领。如军训、学农、文化艺术节等等都是"让美的行为闪光"主题下开展的德育活动,活动的目的也更有指向性。如军训,目的指向于弘扬学生规范的行为,并引领其他同学共同成长。把常规活动归入"让美的行为闪光"的主题下,推动了学生由他律到自律的发展,弘扬优秀,传播优秀,也推进了"优秀"学生文化的发展。在未来,学校还在常规活动外,开展"让美的行为闪光"系列主题活动,丰富校园文化生活,推进"优秀"学生文化的形成。

[案例65]唱响国歌,让美的行为闪光

2011学年,学校开展"让美的行为闪光"之唱响国歌活动,以"高声唱响国歌,以国家为荣,为班级争光"为切入口展开教育。在升旗仪式上,组织现场"比武",以班级为单位,比比谁班的国歌嘹亮、激情、有感染力,评出"最佳精神状态"班级。在活动之后,召开主题班会——"我们怎样唱国歌",总结活动的所得所感,并在班级中表彰表现优秀的同学,把他们美的行为放大。这个活动延续至今,每周的升旗仪式都能听到同学们嘹亮的国歌声。这个优秀的习惯将会继续得以保持。

（2）注重精神引领，构建"大师引领，教师示范，同伴互助"的学生培养途径

大师引领，即了解自然科学及人文科学上的卓越人物，挖掘他们的人格魅力，突显他们对人类发展的贡献，从而使学生由了解到崇拜，继而产生精神上的引领；教师示范，是指规范教师的一言一行，用行动给学生做示范，给学生做榜样；同伴互助，是学生之间的相互促进。通过对学生理想的引导，现实的榜样示范，促进学生对"优秀"的追求。

［案例66］"观《大师》，学做人"活动

从2011学年开始，我们开展"观《大师》，学做人"活动。从学生征文、座谈等方面，我们发现其影响之巨大，让我们震撼。下面摘录高二年级一位同学的征文与大家分享。她的题目是《大师之大》：

在草长莺飞的似水流年中，他们在时光的颊骨上用光辉烙下道道皱纹，历史将这段旧时光收藏。即使白驹过隙，即使饱经沧桑，他们造就的那场惊鸿丝毫没有染上风霜，让岁月也为之折服，将他们的音犖笑容洗礼的愈发历久弥新，青春动人。

回首昔日，他们的累累硕果为现世的人广为赞颂，类如《物候学》、《半导体物理学》、《边城》……这样的学术著作，但难道仅是因为这些术论上的成功就被尊为大师了吗？

不，大师之大，不仅在于学术之大，更在于品格之大。

在记忆的拐曲埋下的印记中，那个带圆形金属边框眼镜的书生在芸芸众生中跃然而出。没错，他是竺可桢。烽火动荡，十里洋场。乱世迷雾里，因"浙省文化近来退化殊甚，需一大学为中流砥柱"而毅然放弃心中犹豫，如一道光般，挣脱黑暗束缚，奋不顾身投向浙大校园。支离破碎的校舍，入目的残破衰败都没能熄灭燃在他心中的星星之火。而后因着他的不畏险阻的执着，浙大步入蒸蒸向上的美好中。可生活总像在与人玩笑。灯火星星，人声杳杳，歌不尽乱世烽火。燎原之火，已漫及校园。生活予他玩笑，他予生活惊艳。他的决定注定是一曲传奇的序幕，文军长

征。至此后，山峦沟壑间，丛林密树间，轰炸雷鸣间，他带领着千余人的队伍游窜隐匿于其中，还能不忘坚持学习，所带教学物什竟也在这逆境中毫发未伤。举杯对月，饮罢飞雪，茫然又几年岁。终就，命运以妥协的姿态向他俯首称臣，此征完满。而后亡妻之痛，文革心酸又向他席卷，可他却从未迷茫过，求真知的步伐未曾停歇，直至那分秒指针划成的百年。

风华是一指流沙，苍老是一段年华。"排万难冒百死以求真知"见证了他苍了少年老了容颜的浮世年华，可这灵魂却风华正茂并且地老天荒。

他对真知正如诸葛武侯所谓的"鞠躬尽瘁，死而后已"。这样的执着品格在当今社会，尤其在我们学生身上却变成难能可贵，真也可悲可叹！但我不会喟叹自艾，因为它终将成为我人生的目标。彼此当年少，莫负好时光。学业的艰辛正是磨砺我们成长的碎石，况且这小小艰辛，在求真知的执着金盾下，也会对我们的坚定望而生畏，我们又有何惧！

在我校"让优秀成为一种习惯，让美的行为闪光"理念的引导下，在日月光华下，我相信大师的品格终将再现。学术诚然重要，品格倍加可贵。

旧与新，往昔与现在，并不是敌对状态，它们在时光行程中互相辨认，以美为最后依归。正如那让天地也为之失色的大师与远处那群少年。前者遗世百年，伟大而美；后者蜕变今朝，长大成美。

（3）完善德育校本课程，进行校班会课模式的改革

目前的校班会课主要以布置工作和训话式为主，缺乏教育的实效性、系统性和科学性。为完善德育校本课程，校班会课的改革势在必行。改革校班会课，一方面使之形成教育序列，有完善的计划性和系列性；另一方面，由教师主导转化为学生主导，帮助有特长的学生在校班会课展现自我，发挥作用，推进"优秀"学生文化的形成。

（三）增进师生的认同感与归属感

笔者认为，学校的文化其最终的表现，是人即学生与教师对学校本体的认同与依恋，而这种情感又发生在师生之间、学生之间、同仁之间的"集体故事"

之中即归属感。心理学告诉我们,情感是人的需要与客观事物之间的关系反映。也就是说,当人的需要得到满足时就会引起积极肯定的情感;反之,就会引起消极否定的情感。师生之间情感的需要有三个层次意义,即互为安全需要、互为尊重需要以及互为实现需要。良好的人性、健康的人格,以及人的主体意识和价值意识的形成,已经成为当代教育的一种目的性追求。

教师是培养人的劳动者,教育目的的人道性决定了教师劳动人道化的必然性,而和谐师生关系的建立便是教育人道化的一个重要体现。就教育的过程而言,作为一名教师,必须给予学生足够的公平、尊重和关爱。而在教育活动中,教师同样渴望获得来自学生的认同和尊重。随着年龄的增长,学生的自我探索和实现意识不断增强,从这个层面上说,能够帮助学生实现自我价值的老师更能够得到学生的认同。当然,在这个过程中,教师的职业价值也在同步走向自我实现的过程。

在可能的情况下,师生之间形成一种在良性互动中促进双方的自我实现,是一种教育过程的理想路径。对于一部分优秀教师而言,关爱学生已成为他们主要的精神生活和精神境界,也成为他们职业意义的追求和自我价值实现的根本。一个满足了学生需要的教师,一个满足了教师需要的学生群体,师生双方通过情感交流的良性互动,彼此都会产生巨大的满足和愉悦,情感在交流中会进一步升华。

而为了培植一种优秀的校园文化,在师生情感互动过程中,除了增强彼此的情感认同外,还需要通过活动把师生情感统一到对学校的归属感上。这应当是师生情感的出发点和落脚点,是一种真正的文化渗透和归属。

[案例67]优点共欣赏,情感同交融

利用教师节契机开展"爱上老师的 N 种理由"征文,让学生说说对于老师的真实情感;同时也在老师中征集"理解孩子的一个瞬间",说说平时讲台上没有说出来的对学生的理解。通过这样的活动增进师生的互相理解和情感。还有,在完善学生评价体系的同时,也通过由学生评选"教师校园之星",使学生能够最直接地把对教师的认同表现出来。此外还

利用学校的文化艺术节,以"校标解读"和"校园美景征集"等主题活动为载体,发动师生共同参与,优秀作品再由师生共同演绎。通过这样的活动,在增强师生情感的同时,更是强化了师生对学校文化的认同和对学校的归属感。

2013年高考任务已经顺利的完成了,我所担任的28位美术班学生,100%过了本科分数线,其中3人过了二本裸考文科分数线,13位学生进入一本的大学(上大5人,上师大1人,上理工2人,上海视觉5人);我所任教的历史学科,均分102.2分,最高分120分,裸考7人过线,其中有两位学生过了一本线。

回首这一年的辛劳,用两个字来形容"值得"。是的,尼采的话很有道理:"人需要一个目标,人宁可追求虚无,也不能无所追求。"高三的学生是在追求人生的转折,攀登人生理想的巅峰,而我们老师的追求呢,在我看来则是追求卓越和梦想,为了这一追求,我甘为孺子牛、奠基石。

在高三第一学期的班主任发展性评价中,我的目标是:争取班级学生美术取得好成绩,人人过关,为高考打下良好的铺垫。第二学期我的目标在不断的提高:高考获得好成绩,实现自己的目标与理想。为了实现我的目标,我不断地在努力着、提升着自己的能力。下面就班主任方面谈谈自己一年来的体会。

一、抓好行规,突出特色,培养干部,增强凝聚力

有了良好的行规,才是成功学习的开始,和所有班主任一样,开始主要抓基本行规:从学生每天7.20分前到校,完成作业的收交,及早进入早自修的状态。中午自修时间要求每人自觉遵守规范,进行自主学习。课后的值日生工作不能马虎,做到二净、三关。

注重美术班自身的特色,从教室的黑板报做到人人参与,发挥学生们潜在的优势。教室后面两边的信息和活动园地也不断的展现学生的风

采,从暑期的绘画集影、参加学校的活动场景和我为全班同学每人精心制作了一张美术联考前后的"成绩照",时时刻刻激励他们明确肩负高考的责任和树立学习的自信心。

班级墙柱上的镜框则在不定期的展示学生自己的美术作品,以突出学生自己的才华,使他们时刻感受着自己在班级中的作用和地位,同时也在学校橱窗和年级组的黑板报上也显露锋芒。

当然,班干部的培养是班级管理的重要环节,干部一致能做到不定期的发现问题和解决问题,在班级中也起着一定的带头作用,班级学习氛围浓烈,因此教师的多了一些好帮手,班干部作用得到了发挥。

班级积极踊跃参加学校组织各项活动,从十八岁成人仪式到高三誓师大会,对学生们起到了感悟和激励作用,使学生们明确身为附中和班级的主人的自豪,以校为荣,以班为誉,大大增强了班集体的凝聚力。

二、融入学生的绘画艺术,学会鉴赏和感悟, 通过和学生共同提高审美评价能力, 予学生充分的自信心

正像学生所言:"我们的集训生活和平时上课一样,一样的早上七点半到学校,一样的五点半放学,只是从语数外加一变成了素描、色彩和速写。当你们回家完成作业的时候,我们只是从画室变到了家中,紧张而忙碌。"

是的,高三美术集训三个月里,我每天都陪伴着他们,欣喜地感受他们的进步和变化,周日也和他们战斗在一起,请专家来指导时我也和他们一起认真听讲和学习,我还时刻关注校内校外集训学生的状态和动向,配合美术老师一起工作,从回家作业的交纳,到课堂中的当场模拟作业的完成和老师每天的作业评讲,我都认真过目,及时用相机拍好收集他们不同阶段的作品,和学生一起把美术老师赞赏的学生好作品展示出来,有问题

则给予引导，并及时与家长联系。

由于我盯得紧管得多，最初也出现过学生对我的反感，同样也促使我去不断地去学习和学会鉴赏绘画艺术。于是学习美术史常识和一般的美术理论，熟悉和掌握美术的基本知识规律，好与学生有共同语言便于沟通，在这三个月中美术则成为我的一门新学科，从素描、色彩和速写的学习，在学生的绘画作业和老师的讲评中，我也渐渐对美术有了兴趣和见解，与学生的关系更融洽了。

为了增强学生的自豪感和优越感，无论在学校地下教室或 2 号楼一楼的教室，我们都认真的美化了我们的新画室，这样使得每一位集训学生，都会很自豪的找到自己的一丝亮点，充满了对学习知识的自信和进步的喜悦。

三、协助学校领导和美术老师共同帮助学生克服考前的焦虑，班级美术联考首战告捷

美术学生的高考也同样的艰巨，面对只有经历短暂学习时间的我们学生来说，没有捷径，只有加倍的努力。

学生曾一次次的出现过焦虑现象，针对学生的困惑，学校领导给予关怀，安排学生前往上海美术馆参观，领略艺术的魅力；请来了高校的专家教授进行作业的分析和技巧辅导。我校凌明磊老师也多次协助，传输考试经验。

针对学生的困惑，我则利用课余时间，通过相机，对学生的作业进行拍摄，为学生素描、色彩和速写的美术作业整理了一个个"文件夹"，并且配合美术老师，通过照片对学生的作业进行分析，使学生也体会到自己也在不断地进步；再制作一张张 PPT 幻灯片把学生同一幅绘画作品如素描人像或色彩画等，组合在一起让学生自己来进行比较测定，即通过学生的互评找自身的不足；又学生美术模拟考后，我协助美术老师进行对学生的

心理安抚,通过考后分析找出学生的弱项,于是进行不断地协助强化练习。

在集训期间,我同样也关注在外校集训的学生,时常通过信息和电话与本人及家长联系沟通,也通过网络传输他们的作业来了解他们在外的学习情况。

总之,通过我们共同的努力,学生美术的高考获得了成功。全班28人全部通过美术专业本科线。其中吴佳妮同学总分415.4分,在全市20名内,张立顺同学总分403分,在全市80名内,还有10位同学在全市1500名内,我们美术班首战告捷。

四、美术生回归课堂,以鼓舞、激励为主,真诚、真心地帮助他们获得双赢,实现梦想

美术联考后学生最主要是攻克3+1四门课程,这对学生来说比较困难,面对他们的困惑,首先与任课老师雍涛、朱柳、薛丽娟、孟晓玮老师一起,不断给他们鼓劲,在教学上做到耐心、生活上关心、作业上细心,以增强他们的自信心,

针对联考后第一次月考很不满意的成绩,要求学生自己进行反思,找出成绩落后的原因,并且挖掘自我潜在的能力。学生认识:其实这一次的月考也是一次对于我们寒假学习情况的一个检验;(自责)……按照这样子的成绩,是连最差的学校都考取不了的,觉得自己离自己的目标相差甚远。(焦虑)……我在后来的两个月中应该在数学、英语上更用心,保证这两门都及格,保持语文和历史的稳定。(寻找)……月考后的成绩,让我明白了,我必须要付出百分之二百的努力才行。别人的进步,让我感到很大的压力,但我会把这个压力化作动力。(自信)……无论如何,为三个月以后的高考,都要拼尽全力。(信心)总之,学生的信心也在不断的增强。

　　每一次的考试后学生成绩都会有跌宕起伏,那我很理智的把班级的学生分成三种层次,分别对他们有不同的要求。对接近二本分数线的学生,如张豪、蔡盛钊、凌雯婕等同学,每次对他们进行个别的分析,要求克服自己的每门课的弱项,鼓励并激励他们每次的进步。对班级危险人物如朱敏杰、滕佳俊、张顺华、邓浚哲同学,则要三管齐下,任课老师、家长、班主任,共同引导、监督和进行一定的补缺补差,这样才能使学生拥有自信,从困境中解脱出来。

　　每一个学生的背后就有一个家庭,与家长的沟通交流要保持畅通,他们是学生的精神支柱,也是我们成功的内动力。其实家长也同样焦虑,我就经常通过电话信息和网络 QQ 联系,了解学生的近况和帮助家长摆脱顾虑,并时刻引导家长协助学校工作。如我开学始就和凌雯婕家长言,女儿很聪明,一定能考进好学校的;对唐永嘉家长说,你女儿美术成绩这么好,一定要进上大;对徐思颖家长信息交流,今天女儿数学 110 分,下午学校有活动,坚持,来吧。真诚,真心地和家长沟通交流,也同样得到家长们的认可。

　　用爱与智慧守望成长,不吝啬多给学生一些关爱,祝你成功,好运来,是我最后一堂课的祝福,同样学生不负众望回赠了我及我们。

　　回首高三这一年,我成功的实现我的目标,梦想成真,为此而高兴。但反省自己也有许多不足之处,在今后的工作中我将继续努力,不断的提升自己的能力,追求卓越,实现更多的梦想。

(四) 新高考改革带来的机遇与挑战

1. 文化润校,推进大学科德育课程——以英语学科为例

　　学科教学是德育的主载体,在教学中体现学科德育是教书与育人的和谐统一。教师要有意识地加强对教学过程的优化,使知识、技能、思想教育三者有机的融为一体,从而大大提高课堂教学德育的实效性。任何学科的内容,无论是社会科学、自然科学还是其他学科教材中都含有德育因素,蕴含丰富的育

人价值,如果注重挖掘和融会贯通,并把它有机地渗透到教学的全过程中,必将取得良好的教育教学效果。

(1)学科德育的内涵

叶澜教授在《"新基础教育"发展性研究报告集》中从内涵和外延两方面对学科德育价值作了描述性定义:"任何一门学科的教学,都要认真分析本学科对于学生而言独特的发展价值,它除了指该学科领域所涉及的知识对学生的发展价值外,还应该包括服务于学生丰富对所处的变化着的世界的认识;为他们在这个世界中形成、实现自己的意愿,提供不同的路径和独特的视角;学习该学科发现问题的方法和思维的策略、特有的运算符号和逻辑;提供一种唯有在这个学科的学习中才可能获得的经历和体验;提升独特的学科美的发现、欣赏和表现能力。"①

由此,我们可以将"学科育人价值"理解为:每个学科对学生的发展价值,除了学科领域的知识外,还在于育人,还在于学生的自我发展和生命成长。

(2)为何选择英语学科

首先,这是由英语学科独特性所决定的。

英语是一门语言学科,而对于中国的学生而言,它是一门外语。因此,英语课程的学习,既是学生逐步掌握英语知识和技能,提高语言运用能力的过程;又是他们提高人文素养的过程。因此,英语学科自身的人文性特点,决定了学科德育的研究价值。然而,在实际教学过程中,教师往往过于重视语言本身,无意间传递着人文精神,而忽略了英语学科德育的价值所在。

而与英语学科相比,语文、政治、体育、艺术等课程已经在学科德育的研究领域中有着较为成熟和完善的研究。这既给研究英语学科德育的教学范式带来参考意义和研究经验,又给予研究团队充分的研究空间和实践价值,进而推动高中阶段各个学科在课堂教学中的德育价值。

其次,这是建立在对我校英语教师实证研究的基础上所提出的。

在全区大规模的调研之前,课题组先抽取了市区重点和普高英语教师 15

---

① 叶澜:《"新基础教育"发展性研究报告集》,中国轻工业出版 2004 年版。

名，其他学科教师 5 名，做了一个前测，结果发现 2/3 的教师认为"学科德育"
是一个崭新的名词，近 1/2 的英语教师认为德育很难渗透到教学中去，会出现
影响学科教学的有效性或者使"两张皮"的情况更为明显。另一方面，在当时
的相关调查和文献中，探讨语文、政治、体育和艺术等学科德育的学者较多，而
英语学科的寥寥无几。基于这样的初步调查，学校最终决定迎难而上，选择英
语学科作为突破口，探索英语学科的学科德育实践模式，并逐步推广到其他
学科。

（3）碰到的困难

尽管学科德育的教学理念已经倡导多年，但是在本研究实施过程中，我校
英语教师仍旧在具体的实践过程中难以落实，这主要由以下几个原因：

第一，不知道学科德育的概念，无法在课堂贯彻学科德育。

在问卷调查中，很多教师对学科德育的认识不清晰，表示困惑，有的将它
认作为"三维目标中的情感价值观目标"，有的认为"就是让任课教师分担班
主任的工作"。总之，不少教师对何为学科德育表示困惑。

第二，不理解学科德育的概念，不能在课堂落实学科德育。

有的教师虽然听说过并承认学科德育，但在当前的学业压力下，他们将更
多的时间和精力投入到钻研命题方向、应试技巧，相对弱化了对学生情感的关
注。事实上，认知和情感并不是对立的，只是教育的两个不同面。它们同时贯
穿整个教学过程，相辅相成。倘若一味强调认知教学，却忽视学生的情感取
向，教学内容虽然有用却将变得无趣拖沓，抽象晦涩，大大降低教学有效性；倘
若因此过于偏重情感取向，却淡化认知教学，那么课程无法落实，教学设计如
亭台楼阁漂浮于空中，学生活动没有实质性内容而成了"过场戏"。

可以说，一味偏重认知教学，忽视学科德育，不是真正的教学。"学科德
育"这一概念的提出就是力图打破目前的僵局，在保证学科本体知识扎实化
的前提下，搭设德育教育的平台，挖掘德育教育资源，落实学科中的德育教育
点，从而实现"真正的教育"。

第三，不清楚学科德育的教学方法，不会在课堂实施学科德育。

在信息高度发达的今天，学生获得知识的渠道很多，教师若想吸引学生则

需要不断拓宽知识面和教育知识。首先,新课程改革后的英语教材涉及面广,理解程度加深,紧跟时代发展。教师如果不及时更新自己的知识储量,常会因为知识面不宽而在讲授教材内容时一带而过,甚至讲解错误,这不仅会影响学生的情感取向,还会影响到教师的威信,从而影响学生学习的积极性。

另外,教育学和心理学的相关知识有助于教师认识和理解教育规律以及受教育者的心理,比如:新课改倡导的人本精神和建构主义。教师通过理论方面的补充,指导教学实践,合理把握学生非智力因素的发展,反哺教育教学效果。当然,目前学科德育还处在起步阶段,有关学科德育资源的匮乏。倘若想要尝试学科与德育整合的教学,就需要教师花许多精力和时间去收集有效的资源。

以下是 UN 中学参与市级课题"英语学科德育实践模式探究"的核心课题组成员在不同时期记录对"学科德育"认识和参与次课题感受上的变化(节选)。

第一阶段:不知所措

究竟什么才是学科德育?英语学科如何能与德育挂起钩来?如何通过现有资源的重新组合,完成这项任务……这样的问题一直围绕着每一个英语教师。

直到某一天,在撰写教案、设定三维目标的时候,老师们忽然发现:原来情感态度和价值观不就是所谓的"学科德育"吗?带着这样的思路,我心中悬着的大石算是落了地,至少找到了一个切入点,能够交差了。

第二阶段:硬着头皮

于是,老师们通过凸显情感价值观的落实,硬着头皮试图实践英语课堂中的学科德育。然而,这样的课堂却少了很多底气和灵气。

第一,这样的教学还具有英语本身的属性吗?

第二,这样的教学如何突出英语和其他学科德育的不同点呢?

第三,这样的课堂如何避免德育与教学的"两张皮"现象呢?

带着这样的思考，我深深认识到了：学科德育不能等于学科教学中的德育教育。它不仅需要突出学科特色，即语言知识和跨文化交际能力，还需要兼顾到学生的学习习惯、策略、兴趣、思维和社会交往能力。

第三阶段：实践对学科德育认识的反拨

英语是一门工具性的语言课程，涵盖了社会生活、信息科技、文化习俗、地理历史等内容，可谓无所不包。比如，《蜘蛛》和《冬眠》的阅读材料中，由于对自然科学领域知识的缺乏，导致我无法有效组织课堂活动，心有余力不足，只能草草完成教学任务。还有一次在阅读测试中，需要学生阅读一篇有关同卵双胞胎和异卵双胞胎的文章。在试卷讲评时，我发现：学生们即便翻译出段落，却因缺乏一定的科学知识难以把握全文脉络。

因此，这就需要教师更新知识储量，不能因为知识面不宽而在讲授文本内容时一带而过，甚至讲解错误。

（4）已取得的成效

1. 日趋完善的研究框架

课题组在研究过程中，以调研英语学科德育实践中的误区与困境为突破口，逐步延伸研究内容，日趋完善研究框架，主要经历了四个方面的变化：

（1）从"学科育人"到"学科德育"

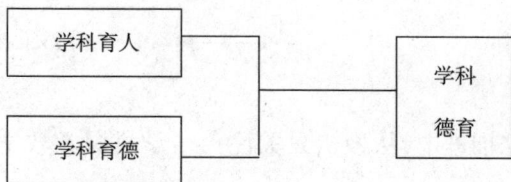

"学科育人"的含义宽泛复杂，虽然已被引用多次，却超越了学科教学的范围。而"学科育德"过于一味强调学科教学中的德育功能，并将空间更多的限定在了课堂。课题组故而选择"学科德育"为研究对象，旨在细化内容，明确"具有德育功能和特点的学科教学"。

（2）从情感价值观到学生发展观

```
┌─────────────────┐          ┌──────────────────────────────┐
│ 情感价值观         │─────────▶│ 情感与态度、习惯与策略、思维与能力  │
│ （三维目标之一）     │          │ （学生发展观）                  │
└─────────────────┘          └──────────────────────────────┘
```

课题组在研究推进中,从最初较为狭隘地将"情感态度价值观"视为学科德育的核心,到最终确定以情感与态度、习惯与策略、思维与能力的"学生发展观"为研究内容,不断拓宽了学科德育的内涵。

（3）从单纯以师生为中心到以教学统整为中心

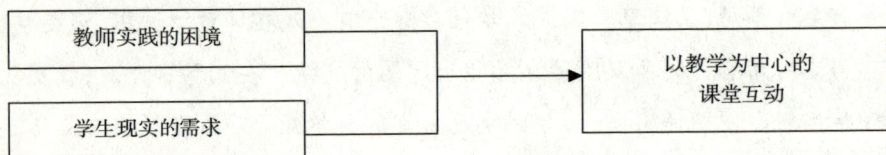

```
┌─────────────────┐
│ 教师实践的困境      │──────┐         ┌──────────────┐
└─────────────────┘       │         │ 以教学为中心的   │
                          ├────────▶│ 课堂互动        │
┌─────────────────┐       │         └──────────────┘
│ 学生现实的需求      │──────┘
└─────────────────┘
```

课题组在研究推进中,从最初单方面把教师实践的困境和学生现实的需求作为两个板块,到最终聚焦课堂教学、关注师生互动和融合课外延伸,实现了从单一化、碎片式向整合化、互动式的转变。

（4）从关注课堂到关注个体成长与组织建设

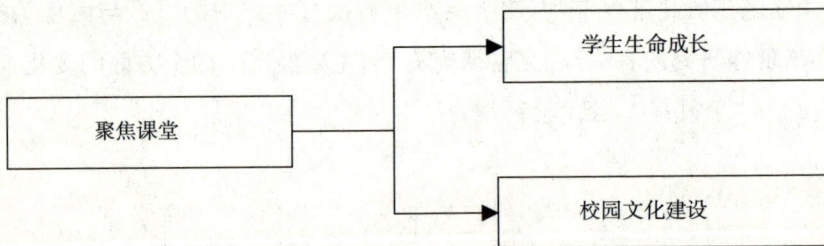

```
                              ┌──────────────┐
                         ┌───▶│ 学生生命成长     │
                         │    └──────────────┘
┌─────────────────┐     │
│ 聚焦课堂           │─────┤
└─────────────────┘     │
                         │    ┌──────────────┐
                         └───▶│ 校园文化建设     │
                              └──────────────┘
```

课题组在研究推进中,从最初只关注英语学科课堂教学工具性和人文性的挖掘与落实,到最终关注到学生个体的生命成长与校园整体的文化建设,进一步扩大本课题的影响力与辐射面。在反复推敲中,终于形成了案例研究的整体框架。

（5）打破惯例,注入新的文化动力

学科德育不是对现有课堂的颠覆,不是对传统教学的全盘否定,更不是偏废学科知识，它只是给教师提供了一种新的角度，让学生自我探索，自己总结，教师起到引导作用。在这个过程中，孩子们在知识、方法、习惯、思维、情感、文化、社交等各方面都得以提升和发展。它给我们的课堂教学带来了新的思考，注入了新的文化动力。在介绍西方婚礼时，孩子们的表演反映出了他们眼中的婚姻，当我给出经济、环境等限制时，他们打起了算盘，动起了实惠便捷的脑筋。在语法复习课上，教师们挑选例句，引导学生比较不同从句在表达意义、语法规则上的差异；教师们设计情景，鼓励学生用所学知识完成各项任务。学生的比较、概括、想象能力得到了很好的锻炼。在一节围绕音乐之声《哆来咪》的拓展课上，教师们主要选取了教与学的角度，引导学生们思考学习和记忆新事物的必经步骤。

其实，学科德育的教学模式，对青年教师来说，在课堂教学设计上的帮助和突破是最大的。常听见需要开课的老师会这样抱怨：阅读课已经有那么多人上过了，况且上来上去就这几种固定模式，语法、词汇课又很难调动学生气氛影响效果，真是伤脑筋。而学科德育的教学模式就给老师们提供了新思路。

2. 特色兴校，打造全新课程体系——寻找生命的色彩

何谓"课程管理"？最简洁的定义是：课程管理就是对课程的管理。纵观众多学者对课程管理的研究，主要有以下几种定义。课程管理的核心部分是课程编制。课程编制是注重于编制技巧的富于独特性的活动，而课程管理是系统地处理编制技法和人、物条件的相互关系，以教育目标为准绳，加以组织的一连串活动的总称。① 课程管理是对课程编订、实施、评价的组织、领导、监督和检查。② 课程管理是在一定社会条件下，课程管理者对一定课程系统的人、财、物、课程信息等进行决策、计划、组织、协调的控制，以有效地实现课程系统预期目标的活动。③ 课程管理是对课程的编制、实施评价等工作的组织

---

① 钟启泉：《现代课程论》，上海教育出版社 1989 年版。
② 顾明远：《教育大辞典·第一卷》，上海教育出版社 1989 年版。
③ 廖哲勋、田慧生：《课程新论》，教育科学出版社 2003 年版。

与控制。① 课程管理即部署和组织一定学校的课程设计,指导和检查一定学校课程的设施,领导和组织学校的课程评价。② 综观上述课程管理定义,主要包含两个问题:一是关于课程管理的主体,即由"谁来管";二是关于课程管理的客体,即"管什么",也就是课程管理的内容。作为一线普通高中,本研究着重解决第二个问题,即在上海新高考改革的背景下,学校应该如何通过变革课程、实施管理来适应教育潮流和高考要求。

2001 年 6 月教育部颁行的《基础教育课程改革纲要(试行)》规定:"为保障和促进课程适应不同地区、学校、学生的要求,实行国家、地方和学校三级管理"。2014 年 9 月 18 日,《上海市深化高等学校考试招生综合改革实施方案》中提到:"坚持素质教育导向。着眼学生德智体美全面发展,遵循教育发展规律和人才成长规律……深入实施素质教育,为学生成长成才提供更多机会、更大舞台。""提高人才选拔水平。适应经济社会转型发展需要,遵循科学的人才选拔与培养规律,逐步建立多元多维评价体系,充分体现学生全面发展导向,科学评估学生综合素质状况,更多展示学生个性特长……"

由此可见,在新的课程理念中,学校课程管理是国家基础教育课程改革课程管理体系中的一个重要组成部分,是学校及其相关人员行使课程权力并履行责任的具体表现,是学校管理工作的核心内容。学校课程管理是课程管理体系中最具活力的环节。上海市高考改革方案则是针对考试的评价制度与选拔方式、学生的选择性不够和过度偏科等现象落实了改革措施,旨在培养学生的全面发展和创新实践能力。这些都对普通高中的课程管理提出了新要求:不仅要顺应高考改革、教育发展的趋势,更要办出高中特色,满足学生发展需求。新时代下,社会正迫使着学校思考应该如何进行课程变革。综合以上因素,我校申报并通过了 2015 年闸北区重点课题项目。该课题着眼于新高考改革,通过研究如何构建新的课程体系,顺应时代发展,满足学生的需求。

---

① 郭继东:《我国课程管理体制改革刍议》,《教学与管理》1987 年第 7 期。
② 刘居富、肖斌衡:《现代学校管理研究》,武汉测绘科技大学出版社 1999 年版。

（1）课程体系构建的实践起点——高中生职业预备实践模式

做好文献综述，选择并确定能够高信度、高效度检测出高中学生性格特征、兴趣爱好、目标理想、学习风格、学习能力等方面的测量量表。

跟踪归纳并总结我校毕业生的从业发展（专业选择、职业发展、大学适应性等），并通过 SPSS 软件对其性格、风格和兴趣做相关度比较。

研究针对我校不同年级学生，如何分阶段做好有效的职业生涯规划指导。具体来说，主要包括：

不同年级的职业生涯规划针对性调整方案

高一阶段

①主题：了解我与我自己（主观因素）

②理论依据：自我认识与认同

③教育渠道：心理课、学生社团、性格测试

④核心课程：多元智能理论

高二阶段

①主题：了解大学与社会（客观因素）

②理论依据：环境因素与社会需求

③教育渠道：校班会课、专题讲座

④核心课程：SWOT 理论

高三阶段

①主题：寻求坐标与伙伴（综合因素）

②理论依据：同伴教育

③教育渠道：校班会课、专题讲座

④核心课程：时间管理

职业体验日活动

在高一至高三阶段，学校会与相关高校、高职院校联系，为学生提供至少每学期 1 次的职业体验日活动，让学生切实了解某一行业的现实情况，帮助学生做出更适合自己的选择。

（3）课程体系构建的主要内容

课程计划管理。学校在制定课程计划时,根据自身的教育理念、办学特点、学生特点、家长期望等因素,把国家和地方的课程计划具体化。对于校本课程计划的管理来说,必须根据学校的培养目标、学生的特点和课程资源状况,明确校本课程开发的目标,然后设置可供学生选择的多门课程。为了体现学校办学特色、激发学生兴趣、满足学生需求,学校还可利用社会资源参与课程开发。我校在开发校本课程中,就联动芷江西路街道、上海体育学院、社会艺术培训机构等,辅助学校的课程建设。

课程结构管理。随着课程改革的深入,课程结构也变得越来越复杂,由原来的国家课程出现了地方课程和学校课程,由原来的必修课出现了选修课。课程结构的复杂化是为了增强课程对于不同类型学生发展的适应性,同时也对课程管理者提出了很大的挑战。如何处理国家课程、地方课程、校本课程的关系,建立合理的课程结构,已成为学校课程管理的全新内容。比如,我校通过对春秋季社会实践考察进行调整优化,以职业体验、生涯规划、社会志愿服务、研究性课题等项目逐渐替换原来的实践考察活动。

课程资源管理。课程资源是课程实施的支持系统与条件,是课程生存和持续发展的源头活水。学校对课程资源的管理主要包括:对教科书、教学参考资料的选择,学校有权选择经国家一级审定或省一级审查获得通过的教材;师生学习、工作场所的管理,主要有教室、图书室、实验室、办公室、多媒体教室等;对教学设备和文本资料的管理,包括教学仪器、用具及图书资料的配备、保管、维修和更新,以及设施管理制度的建立、健全和执行、检查等;选用教师并对教师进行相应的培训,教师也是课程顺利实施的资源,有效的课程实施离不开一支素质优良的教师队伍。

课程实施管理。教学是课程实施的主要方式,学校必须抓好教学活动这个中心工作,优化教学的组织和管理,通过强化教学管理实现对三类课程的管理。教学过程管理包括备课、上课、作业等教学基本环节的常规管理工作。结合上海高考改革的方向,我校将通过加设外语口语、落实体育专项化、文理科走班制等措施,以期有效提升教学,进行课程实施的管理。此外,我校在过去3年中以校本科研为途径,倡导教师们把课堂教学有效性、作业布置有效性和试卷讲评的有效性作为专题，进行教研组研讨、组内校内公开课，教学专题反思与总结，从而推动课堂的教学效果。

总之，在新高考改革的背景下，我校推进的学校课程体系改革牢牢围绕"提升课程选择性、提升教学有效性、提升教育综合性"，培养学生的学习习惯、学习能力和选择能力，将每一个学生的发展都看成一个生命的成长，引导学生寻找到属于自己生命的色彩，力图将我校教育教学和课程体系打造成适合我校学情的教育。

结　语

　　《学校文化变革的实践研究》至此已告一段落。在研究的过程中,本书不断对"优秀"的概念进行重建。从对优秀文化具体现象的发现到对优秀文化共性特征的概括,从对优秀文化培植的理论分析到对优秀文化探索的实践体验,并且最终还感悟到优秀文化应该是可持续性的发展,这样才算真正形成了"文化场",使学校达到"优秀化",不断有新的力量推动现在的优秀,朝着未来实现动态的发展,可谓是"优秀之优秀",否则只能是一潭死水,从优秀的现在逐渐走向落后的将来。

　　于是,本人深深感悟到:"优秀"是一种追求,是相对于自身原有基础的进步,不一定是做得最好,而是一种对做得更好的价值追求;"优秀"是一个过程,是一个不断进步发展的过程;"优秀"是一种积累,是每一节课、每一项活动、每一种思考的水滴石穿般的积累。在追求"优秀"的过程中,校长和领导团队是组织者和引领者,广大师生是主导者和参与者。可以说,只要追求"优秀"的信念不磨灭,追求"优秀"的步伐就永不停息。让优秀成为一种习惯,最终实现"让校园更有朝气,让师生更添智慧;让校园更具美感,让员工更加和谐"的办学理想。

　　因此,以"优秀文化"培植为主题的研究和实践将以另一种形式继续在UN 中学发挥作用,引领每一名教职员工和学生都能参与其中,感受优秀文化的"磁场"。我们坚信,虽然本研究成果还存在一定的漏洞和不成熟之处,但它还是能给同行提供实用的案例和有效的经验，在引起共鸣的同时，带来不少思索和感悟，从而进一步帮助教育者们找寻学校文化管理的规律，更好地突破教育改革的阻力和瓶颈。

附 录

附录一

上海市 UN 中学教师问卷调查
（主要意见或建议汇总）

1. 您认为学校办学八年最大优势是什么？请用精练语句加以概括。

（1）有一支能力较强的师资队伍；以老带新，老教师全力带教新教师，新教师成长较快。

（2）高考成绩突出，教学方法有特色，重视弱势群体（学习较差的学生）。

（3）形成了多途径培养学生成才的体系，一套严密的教学质量监控体系。

（4）教师个体能力较强，教学水平较高，有战斗力。

2. 在坚持"民主集中制"的前提下，您认为通过什么途径能够更好地选拔出群众信得过的中层干部？

（1）民意调查、民主推荐、领导核定。

（2）多听群众的反映，最好能通过"一对一"的谈话了解。

（3）多培养青年骨干。

（4）对当选的中层干部实行试用制（期限至少一年），并对其一年的工作进行评议，然后正式任命，最好 2 年一聘。

（5）自荐+推荐、面试笔试、候选人公示、候选人竞选演讲、投票选举、校长书记定夺。

（6）建立一个后备的人才库。

（7）行政提名后,全校教师通过座谈会、投票等各种途径选拔。

（8）反复投票缩小范围。

（9）多给有群众基础的人一些展示的平台,在实践中培养挑选。

3. 您对学校管理有什么好的建议?

（1）继承传统(德育管理严格、以老带新);改革学校原先的弊端(信息技术应用能力薄弱、有时待遇问题一刀切等)。

（2）建立有效机制,加强人性化管理。情感留人、待遇留人、事业留人,稳定教师队伍。

（3）严格管理,有章必依,各年级的管理尺度力求统一,力争全校工作一盘棋。

（4）规范、明确岗位职责,理顺工作流程,各司其职,杜绝分工不明确,遇事推诿的陋习,每个人都做好自己分内的事。

（5）各部门之间要及时沟通,互相协调补台,合理利用资源。

（6）教师办公室最好以学科为单位,固定不变,有助教师队伍的整体融合与学科自身提高,同时也减少每年搬迁带来的麻烦与不必要的损失。

（7）每学期的复印、油印要有人把关,杜绝浪费,杜绝家教作业。

（8）定期召开教代会。

（9）树立一个现实的较高的中期目标,利用好地理优势,争取有所突破。

（10）充分尊重老师,一视同仁,公平公开,不要鼓励老师抢课。

4. 您对学校教学工作有什么好的建议?

（1）教师要有创新意识,充分发挥教师和学生的特长,顺势引导,可提高升学率。

（2）每一学年让学生参与评比、评选优秀教师,并有相应的奖励措施。

（3）发挥信息技术作用,努力推广信息技术在教育上、管理上的应用。

（4）坚持教研,有的放矢;因学施教,力争佳绩。

（5）教育学生热爱班集体,热爱学校,加强班级良好的学习氛围的形成。

（6）创设"无私"的氛围,反对纯粹的体力劳动行为,倡导"精干+巧干"。

（7）制定"教学规范"(如:不要让学生批改作业、随意调课等),规范教师教学行为。

（8）多开展家常课的研究，围绕怎样让学生"听得懂、记得牢、能思考、会运用"展开，在提高教师的基本功和素养上下功夫。

（9）互相听课，多听家常课。

（10）请专家来上课，多参与些校外的交流，从提高效率及增加有效时间入手；多提供教师外出听课、教研的机会，有利于提高教师的自身素质。

（11）加强备课组的集体备课制，尤其需要探讨针对我校学生的特点所需的教学方法；加强备课组活动的深度，为教师提供必要的教学用具。

（12）加大日常教学检查力度，促进教学循环，让一些多年不上高三的老师也可以有机会上高三，取消高三与高一高二的差别。

（13）不要太计较班级间1—3分（平均分）的差距，压力太大不利于教师的水平发挥。

（14）课堂40分钟要有质量，不要上课不精下课补，课堂效果可以反映出一个教师课余时间备课所花的时间和精力。

（15）教室多媒体化，实现课堂效益的最大化。

（16）开展同课异构式上课。让我们以欣赏的目光，积极向上的态度去观课、评课，变我所"忙"为我所"用"。

（17）脚踏实地，遵行校长开学时的工作报告精神，扎扎实实地落实各项任务，必定能使学校工作提高一个台阶。

5. 您对学校德育工作有什么好的建议？

（1）身正为范是教师的道德之本，在创建人人都是德育工作者的大环境下，老师要从身边的小事做起，成为学生一生的榜样。

（2）德育先行，继承以往好的经验、做法，吸取教训。学生要严加管教，使学生在德、智、体全面发展。

（3）每年开展"感动UN中学"事迹评选，让广大师生感受身边温暖，学会关心、帮助身边的人，学会感动和感恩，体验亲情、友情、师生之情，齐心协力打造和谐校园。

（4）提高班主任综合素质，以点带面，关键在高一，希望校领导能多关注高一班主任的工作；提高班主任待遇，多关心高一高二班主任的辛苦。

（5）重视体育课和体育活动在学校德育工作中的特殊作用,它是培养学生非智力因素的重要阵地,需要调动体育老师的积极性;对学生适当的奖惩,可以调动学生的积极性。

（6）师生浪费饭菜现象严重,建议开展"节俭与浪费"的专题讨论。

（7）利用好黑板报、班会课等德育阵地。

（8）学生活动太单调,建议开展丰富多彩的活动,或以社团形式丰富学生文化生活,把德育工作渗透到工作的方方面面,及时挖掘,及时表扬,及时总结;多开展一些学生竞赛,形成一个你追我赶的氛围。

（9）制作学生高中成长记录光碟（以年级为单位）,毕业时予以赠送。

（10）对违纪学生的处分要及时、有效。

（11）加强与学生家长的沟通,学生的许多个人问题大多与家庭问题有关。

6. 您对学校工会工作有什么好的建议？

（1）工会委员应该是由一批有时间、有热情、有爱心、有创意的工会积极分子组成。

（2）多开展小型活动,能经常组织外出旅游,提高教职工的积极性。

（3）加强学校凝聚力,多为总务后勤等教工说话。

（4）经常举行教工的"联谊会",适当搞活动,召开民主座谈会,了解教职员工的心声。

（5）多开辟一些活动场所,如一楼教室空出来了,可以开辟校史展览室、学生阅览室、乒乓球室、健身房等,可以组织老师做课间操。

（6）想办法减缓老师的心理压力,以提高学校凝聚力。

（7）校务收支明细公开化,让每位工会成员真正成为学校的主人。

（8）评比先进集体、个人最好能有量化指标,避免过大的随意性、主观性。

（9）工会要"受教职工之托,办教职工之事,解教职工之难,暖教职工之心。"

（10）工会小组长的人选要民主,反映大多数人的意愿,投票不应只是一种形式。

2009 年 3 月 12 日

附录二

"黄山论剑"教师发言稿（部分）

（一）把班级还给学生，把成长的乐园还给学生

——小组分工在班级建设中的运用

周 捷 老师

一个成功的班级离不开一个认真负责的班主任，而并非每一个认真负责的班主任都能带出一个成功的班级，这是为什么呢？其实道理很简单，班级是由许多学生和一个班主任构成的，学生才是班级的主体，他们才是班级的主人，是东家，而班主任是管家，是经理。一个再好的管家撑不起一个没有主人的家，而当下有太多班主任想以一己之力建立一个有秩序有文化的班级，其鞠躬尽瘁的精神固然可佩，但强占学生班级主人的做法却有悖于客观规律，最后不理想的结果也是情理之中。纵观身边成功的班主任，无一例外都十分注重班级文化的建设，好的班级文化是班级管理的重要法宝。什么是班级文化？班级文化是班级所有成员共同具备的一种积极向上却又独一无二的气质，是整个班级所有成员性格，理想，言行，价值观等诸多元素的奇妙综合。因此一个班的班级文化就像一个人的性格，虽然会有相似性，但绝没有雷同；这种性格虽然会深受班主任个人的影响，但是最主要是学生群体的性格，不能本末倒

置。班主任要当好领路人和管理员的角色。但是班级的建立还是要靠学生自
己去完成。把班级还给学生,因为班级是他们学习生活的家园;把班级还给学
生,因为只有在这个物质和精神的家园里学生才能真正体会到快乐,体会到成
长。而小组活动将是一种很好地让每个同学都参与到班级建设中来,构建出
独特班级文化的形式。

今年我又接手一个新的高一班级。从家访开始我就不断思考该如何建
立这个班级,如何构建一个美好的"家"给我这些新学生们,这又是一个什么
么样的"家"呢?家是由家庭成员构成的,成员太多家就显得复杂。我大胆
地把班级分成四个小组,让班级成为一个四口之家,这样班级建设的蓝图就
清晰许多了。而且,最关键的是让每个学生在小组活动中找到主人的感觉,
这样他们在班级中也就找到了家的感觉。我把班级分成的四个小组分别是
Griffindor、Hufflepuff、Ravenclaw、Slytherin,我们称每一个小组为一个学院。而
我在分小组的时候特别注重小组成员性格的多样性和各方面实力的均衡
性,这样每个小组展开竞争和合作才能顺畅。另外,在小组成立的初期我还
特意给了每个小组一些词语,而这些词语将成为一种良性的心理暗示,希望
通过各项活动的展开潜移默化地使这些词语深入到每个小组成员的心中
去,又形成每个小组的小组文化。我给 Griffindor 的词语是勇气和执着,Huf-
flepuff 的词语是勤奋和公平,Ravenclaw 的是聪明和真诚,Slytherin 的是领袖
气质和果断。每个学院都要形成一定的组织结构,推选一位组长来负责小
组工作的分配。让我十分满意的是每个小组都很快地做好了这些安排,并
且选出来地组长也都得到同学好老实的认可,可见学生的自主性是多么重
要啊。接着就把班级的事务放手给学生们吧,让他们自由自主地营造这个
属于他们的家园。

首先,班级教室的布置是必不可少的第一步。班级建设的日常工作纷繁
复杂,我特别注意班训、班徽、班干部例会、教室黑板报等这些班级布置的运
用。这些宣传手段能够帮助形成班级成员共同追求的目标和激励班级成员奋
发向上的精神支柱。通过逐步形成勤学、会学、乐学、善用的优良学风;组织各
种丰富多彩的活动;形成各类积极向上的友伴群体;建立起平等、和谐、宽松、

民主的人际环境等来形成良好的班级氛围。通过班干部体系的建设和系统化的班务管理软件的建设，形成班级成员共同遵守的规范，坚持不懈地抓好行为习惯的养成教育，充分发挥学生自我教育、自我管理、自我约束作用。这些具体的班级布置就是家的装修，每个同学都要参与进来才能培养他们的主人翁意识，是非常重要的班级建设环节。但是，与其由班主任一个一个关照同学去做点什么这样的任务布置还不如发动同学主动参与进来。

1. 给班级以自己的标识，一个响亮的名字：在学校内我班是高一（2）班，但是我班的同学们都亲切地称班级为 Hogwards，并设计了班徽和每个小组学院的院徽（分别以四种动物和四种颜色来代表。狮子、雄鹰、灌鼠和蟒蛇）。

2. 制定班规班训。通过征集每个小组提交上来的意见，筛选后由小组组长和全体班干部共同反复讨论，共同确定了班规若干条，并制定了班训：独立思考，积极进取。

3. 创建自己的班级日志：由值周班委填写的，每周一的班会前宣读。他们记录班级的大事和各种情况，发表自己的观点，表扬好人好事，批评不良行为。总之，对班级进行总结、评价、展望或提出要求。

4. 同学们还计划把班级日志放到网络上，利用信息技术和网络日志这个平台创建一个内容更丰富，有更多班级同学照片和心得随笔的交流渠道。由每个小组轮流负责网络日志的维护，并给每个学院留出一个独立的区域去发展小组的文化。

5. 建立班级劳动机制，也是由每个小组轮流负责为期一周的劳动工作，并评比打分。

6. 黑板报和宣传栏布置。根据学校的要求，结合班级的现状，每一期黑板报由每个小组给出一个方案，结合每个小组方案中的优点提炼出当期黑板报的设计和内容，由班委完成。而宣传栏则开辟出四个板块，由四个小组自由布置，充分发挥小组间的良性竞争元素。另外班级宣传栏还承担着闻名礼仪的普及工作。在宣传栏上经常会贴有各种标语来提示学生。这些标语都是平时同学们发现的一些现象所总结而来。标语内容朴实，通俗易懂，学生容易做到，如"让我们互相打招呼"、"让我们善待朋友"、"让我们主动地帮助他人"、

"让我们保持教室清洁"等等。正是这种有意识的引导,再加上班级小组活动的常态化、活动分工明确、活动目标清楚,学生们在完成他们各自小组的活动任务时,往往不需要教师的提示和监督,人人都能尽职尽责,齐心协力把事情做好。这样学生们就更有主人翁的意识了。

其次,利用学校的各项活动,进一步培养学生的团体意识和合作精神。

1. 军训。这是高一新生入学最重要的活动之一。同学从不认识到变成新朋友,班级概念的形成都是在这个阶段成形的。

2. 各种仪式(升旗仪式、开学典礼等)。在这些严肃庄重的活动中,学生统一着装,形成从个人到集体的概念。

3. 文化节活动。

4. 班级大扫除。

这类特别活动的目的是通过理想的集体活动,使学生的身心得到和谐发展,个性得到发展,同时,提高作为集体一员的自觉性,培养齐心协力地建设更加美好生活的自主的实践态度。而班级小组活动也可以帮助要建立班级活动分工系统,以此为基础,解决班级和学校生活中出现的各种问题,使学生在集体中受到教育,并促进学生良好人际关系的形成与发展和培养学生基本的生活习惯等。班级小组活动强调学生合作精神的培养和学生个性的全面发展,学生在小组活动的形式中学到了学会如何去合作、如何去帮助他人,从而促进学生合作意识的形成和个性的发展。正是在这些活动的开展中学生体会了社会人的概念,在帮助和被帮助中学体会到了关心与爱,体验到了快乐和温暖也感受到了责任和义务的份量。

总之,通过这样的班级建设方式,学生有更多的机会去学会合作完成一项项任务,但我更希望通过不懈努力让他们在班级建设中学会如何合作本身,通过小组分工合作的形式把班级这个小社会还给学生去经营,这样学生们不但得到了个体的发展,也学到了更多书本上没有却至关重要的做人准则,同时把班级还给学生也把本该属于他们的快乐家园还到他们的手里,把快乐和美好的高中生活还到了他们的手里。

（二）旅游中的教学感悟

王　卿　老师

教学是一种人类的活动，是人与人之间的交流与沟通。而师生之间的这种有效的交流与沟通，不是靠冰冷的教育学理论就能实现的。在这种交流与沟通的过程中，需要的是教师对学生的爱与教学的智慧。对学生的爱，体现的是教师的责任心和使命感，教学的智慧，追求的则是卓越的教学能力。而正是这两点，深刻地影响着教学的效果。

教学实践，甚至是日常生活的经历往往能使我对教学有所体悟，对爱与智慧在学生成长中的作用有所感受。一次在学校的教育教学研讨会后，组织老师们游览黄山，游览过程中的几件小事，不经意间让我对教学又有了新的体会。

其实在旅途中感悟教学并不是第一次了。前几年游览泰山，在一个景点门口有几个卖纪念品的小贩，他们的叫卖声随着一批批的游客经过而不断地重复。因为内容有趣，我便在一旁看了一会儿。每当有游客经过，他们便会大声地重复吆喝的内容，可问津者却寥寥无几。忽然感觉他们的处境与自己有几分相似。由于学生基础差，学习动机也不强，往往一个很简单的问题重复了四五遍甚至更多学生仍没有掌握。每当这时总忍不住要抱怨几句。可这些小贩们吆喝一整天又能卖出几件商品呢，难道他们能抱怨游客不购买吗？单就职业精神而言，他们确有值得我学习的地方，他们必须不断地重复，因为卖出纪念品是他们生计之所在，我也必须不断地重复，因为教会学生是教师责任之所在。最终我忍不住买了几件纪念品，只是因为相信，付出总会有所回报的，更何况诲人不倦本就是教师的本分。

在黄山上，每到一处景点，导游都会作一些讲解，比如猴子观海、梦笔生花、排云亭等等，每个景点背后似乎都有一段故事。我是第一次来到黄山，第一次听到这些，感觉新鲜有趣，听得入神。可忽然有位老师问导游，每次带游客来旅游总是参观这几个景点，而景点的故事也都是相同的，每次都是讲这些，会不会觉得单调乏味，继而对这样的工作感到厌倦呢？作为教师有这样的疑问似乎一点也不奇怪，因为教师在工作中常常会面对同样的问题，且不说由于学生基础差，一个知识点往往要重复讲解五遍、六遍甚至更多，单就所教的学科内容来说，也几乎常年没有变化，产生懈怠的情绪也不奇怪。但是导游的回答却让我们略感意外。他说他对这份工作从未感觉到单调乏味，更不会感到厌倦，因为他每次面对的都是不同的游客，这些游客来自不同的地区，有着不同的职业，具有不同的生活背景和文化习惯。那么为了能使讲解的效果更好，面对不同的游客，讲解的内容、方式必然是不同的，而绝不是千篇一律的。其实我们的教学又何尝不是这样呢，同样的知识点，但面对的是不同的学生，他们的基础不同，接受能力不同；即使是同一批学生，不同阶段对这一知识的理解程度、深刻性、全面性都有所不同，同一知识点的新授课、练习课、复习课的讲解方式必然是不同的。若总是千篇一律，又怎么可能取得比较好的效果呢。

　　在下山时，我们有 17 位老师决定走下山。没想到下山的艰难程度远远超乎我们的想象。近三个小时的步行，每转过一个弯都会看见望不到头的台阶了。可当下得山来，心中的那份喜悦欢快是坐索道下山所体验不到的。我们兴奋地一路走一路聊，有位老师说，爬山靠的就是一股勇气和毅力，如果连征服一座死的山的勇气都没有，那么怎么去面对活生生的学生呢。教学有时确实就如同爬山一样，往往在看不到出路的绝境会柳暗花明，关键在于是否具有足够的勇气和毅力。

　　教学是人与人之间的活动，这一活动，只有渗透了教师对学生的爱意和教学的智慧，才能变得更加有效，学生也才能更好地成长。

（三）让交流更自然
——利用网络平台进行师生交流案例

蔡秋丽　老师

　　世人常说："世上没有完全相同的两片树叶！"这句话告诉我们——人和

人之间存在着差异。沟通交流则成了一种必要的手段。对于教育工作者来说，交流更是一门必不可少的功课。我们沟通的对象主体是学生，教学是在师生的相互沟通中进行的，尤其作为班主任，更希望能了解学生的思想和情感动态。良好的师生交流能帮助老师即时掌握学生的心理活动，作出相应的指导，这是教育效能产生的关键，也是教育成功的关键。

交流的途径有很多，传统的面对面交流是过去至今不可缺少的一种方式，然而不难发现很多时候这样的交流显现出来的是老师一面倒的教育，即便学生肯倾述自己的想法，仍有所保留和顾及。随着现代网络社会飞速发展，聊天工具、电子邮件和空间博客无疑成为人与人之间交流的新方式甚至是主要渠道。现在的学生都出生在这个网络盛行的社会中，百分之八九十都拥有自己的 QQ 或 MSN 账号以及空间博客，在网络上记录自己生活中点滴事情已成为一种流行，选择网络和利用好网络平台与学生交流是当今许多老师研究的一个课题。

作为一名高一新生的班主任，在班集体建设初期如果能对学生的真实想法有所了解，无疑更有利于班级调控，促进团队成长。因此开学通过对学生一个月的观察后我向学生公开了自己的 QQ 号码和空间，原本担心学生也许不愿意加老师，尤其是班主任为好友。然而班级里除了家中未安装宽带的学生外，全部学生都在第一时间加我为好友。通过网络平台交流让我发现了学生更多可爱的一面，也看到一些学生深藏的真实一面，在此分享两个案例……

[案例1]15 岁的小晨是一个性格外向，活泼开朗的女孩，在班级里一直展现着活跃的一面，对老师也彬彬有礼，学习成绩在班级也是处于中上游水平，担任地理课代表，认真完成老师布置的所有任务。

就是这样一个应该说是一个让家长、老师放心的孩子，在一个晚上突然在 QQ 上说要和我聊聊，说她觉得自己心中越来越叛逆，想法也许很不一样，自己好像喜欢钻牛角尖又钻不出来，遇到一时冲动特别想干的事情就会去干。于是我发了一个笑脸表情说："你们这个年龄叛逆是正常的，没有叛逆的青春是有缺陷的，但叛逆回不了头那就是一生的遗憾了，说吧，有什么想不明白的事情？"大概是受到了鼓舞，她把一段时间对班级的事情,对同学的看法,对学习的理解甚至是对人生的看法都一吐为快。未曾想到她的思想是那么地丰富,但也有让人担心的偏激部分,这些是平时难以观察出来的。我引用了她曾经在我空间中留言的一句话:"人都是平等的,每个人都是第一,并没有凤凰与虫之分,只有努力与懒惰之分。在初中,由于懒惰,我们的第一被上百上万人超越。而在高中,我们必须以努力再去追回自己的位置"为切入口和她聊开,慢慢地将她从她的定势思维引导出来,使她接受老师平日里的学科指导的严格性和同学相处方式的认识。从和她的聊天中我发现她进入高中后可能因为展现机会少了明显缺乏自信,开始自顾自怜,于是我又提议让她发挥能力,与宣传委员一起出期黑板报,提供她一个展现自我、树立信心的舞台。到末了,我说:"以后有想法也可以当面跟我讲。"她回了一笑脸说:"当面就讲不出了。"

的确,在学校时,无论是在教室、在办公室还是在操场上和学生交流,学生始终把你看作是老师,师生交流中间总有一条无法逾越的鸿沟,学生们会把话藏在心中,从日常表现中很少体现其内心所想。而当我通过聊天工具和学生在网络上聊天时,师生间的交流显得更加的轻松平等,有时学生说着说着就像和同学朋友发牢骚那样与我无话不谈,敲打出自己的心声,有时即使是在班中一句普通的表扬的话,在网络上也成为一种欣赏,增强了他们的信心,这样作为老师的我才能走进他们的世界,带领他们解决各方难题,快乐成长。

[案例2]每周二下午第二节是我们班级和隔壁班级的体育课,因为男女生分班上,所以会出现两个班级混合上课的情况。期中后的一节体育课,有个别学生因为主课作业未及时订正被任课老师留在办公室订正,未向体育老师请假,这引起了体育老师的关注和气愤。体育老师便让男生跑步赶到办公室叫学生下去上课,待回到操场时,却发现在操场跑步的学生也乱哄哄的,于是对两个班级学生一起进行了教育。下课后我们班级有些同学觉得不公平,明明我们班级同学们都在认真跑步、课代表也都为没去的同学请假了,为什么老师还是要教训他们,连一向尊师重道的体育委员也认为我们班级没必要为别的班级"连坐"。

作为班主任,我知道那些可爱的学生经常敢怒不敢言,听着老师的训斥口服心不服。于是当天我未对这件事情在班级里做任何教育,回到家后照例打开了我的QQ空间,以日志的形式将这件事情的前因后果进行了叙述,对于老师生气的原因进行阐述,并且丝毫没有批评我们班级学生之意,反而表明是我班主任不够关心学生的动态,引导他们换位思考,同时将班级荣辱感和团队精神加以升华。没想到的是班级里同学纷纷通过空间留言和QQ对"体育课事件"讲述了自己的看法,也充分理解了老师的用心良苦,更表示以后无论什么课如若请假一定及时写好假条,规范请假制度。班级中有个女孩子还留下了这么一段留言:"我们本班学生也许并不是最优秀的,我们一个个都是最普通的孩子,我们也会像平常人一样在很累的时候会打瞌睡;我们也可能会犯一些可以避免的错误。可是,我们也是不普通的,熬夜熬的再晚,上课的时候也会暗暗为自己加油,说:'加油!要打起精神来'。我们犯了错误,可是我们勇于认错,会在老师并没有具体说明的情况下为自己的行为写下字字句句的道歉、对将来的认知以及非常郑重认真地向老师承诺再也不会有此类事件发生。高一(6)班是令人称奇的,也许不是什么惊天动地,也许不是什么惊涛骇浪,也许根本和万人景仰众人膜拜攀不上任何关系,是我们的团结,是我们的无所畏惧,是我们的积极参与,是我们在人生的浪花中恣意的绽放光彩,是我们的每一张褪去稚嫩步入成熟的笑脸。失败了,不怕,只不过就像摔倒一样,还可以拍拍灰尘继续站起,继续微笑着走下去;路途艰难了,不怕,我们可以用逐渐坚毅的肩膀撑起未来的天空,成为勇于攀爬人生巅峰的勇者;得到荣誉和赞美了,没有因此而自大,而是以更加谦虚的姿态,成为更加优秀的胜利者。高一(6)班,不败。"

看到学生们的留言我深受感动,利用QQ空间或博客等方式与学生交流的目的与其说是一个谈心式的沟通平台,倒不如说是给老师能深思熟虑、潜移默化地引导学生的一种机会。将教育的思想内容隐藏在日志中、学生身边发生的事件中,让学生细细体味,慢慢学会换位思考、增强自己解决问题的能力等等,也许一篇短短的博文,就能代替那些平时煞费口舌的训词,使学生学会成长。

　　网络是把双刃剑,我们不能因为担心学生沉迷网络游戏而一味抵触学生接触网络,如果我们善加利用,把教育工作与现代网络结合起来,利用其平等性、开放性和互动性的特点,让其成为老师与学生交流的宝地,它不仅不会给我们带来麻烦,还能帮助我们更好地开展教育教学工作,就让师生间的交流更自然,让我们更了解和理解学生吧!

附录三

"美丽校园在我心中"

——师生眼中的校园美景(摘录)

我们的学校并不大,但是每一个景物都有着它独特的风采与美丽!

我们的景点并不多,但是它们都是"让优秀成为一种习惯"教育理念显现!

我们热爱我们的学校,陪伴着我们成长的乐园;

我们热爱我们的学校,承载着向往优秀的梦想。

让我们一起为 UN 中学的明天祝福,

让我们一起为 UN 中学的美丽喝彩!

(一) 灵动的美

吉栋磊　老师

一踏入上大市北附中,"这所学校真小"的感叹浮现在我脑海中。它没有宽阔的绿茵场,没有宏伟的建筑群,学校全貌也一览无余。然而,当我细细徜徉于每个校园角落,一种深厚的历史感和人文感便油然而生,不仅为其精致的艺术设计而赞不绝口,更情不自禁地慨叹到:校园小,却大其道,校园美,因而灵动,小而精,美而韵,此之谓上大市北附中之美也。

众多"小景"中,最有创意的莫过于那匹"奔腾的骏马"。乳白的大石头丝毫没有木讷感,却似一匹骏马在葱葱草地中昂着头,自发扬蹄,朝着目标飞驰而去。更重要的是,这块大石是大自然用其巧夺天工的手法打造而成。此种壮丽景观不仅给人以蒸蒸日上、朝气蓬勃、清新脱俗之感,更象征着全校师生自发努力,不断进步的精神。

在校园拐角处,矗立着一个具有文化气息的空心地球。无论是在操场嬉戏上课的学生,还是上下班的教师,总能映入大家的眼帘。在大家春风得意时,它告诉人们:"路漫漫其修远兮",前方还有更多的知识、更多的难题等待着你们攻克;在师生沮丧失意时,它会安慰到:科学的探索需要坚忍不拔、不畏艰险的精神,转变思路,改善方法,也许就能有所收获。

当然,领操台前那棵并不挺拔却枝枝蔓蔓的合欢树一直向人们啰嗦它所目睹和经历的平凡故事,楼道两侧熠熠生辉的学生校园之星展现了新生一代的自信与特长,上大市北附中学生的魅力与特点……

学校的每一处都描述着人与景的交融,记录了艺术与文化的碰撞。我想这才是校园景色之美的源头,也是校园如此灵动的真正缘由吧!

（二）采撷校园美景

杨 建 老师

家不一定很大，装饰不一定很华丽，但布置得一定很温馨，一定很舒适。我们的学校虽然不大，但小巧玲珑，徜徉其间，一道道独特的校园风景线如风卷云舒般浮现，美不胜收。

清晨一走进校园，一道亮丽的风景就呈现在你的眼前，让你神清气爽。我的学生们亲切地称它"小诺日朗瀑布"，它不像诺日朗瀑布有着轰鸣的水声和雄伟的气势，它奏响的是流畅的克莱斯曼钢琴曲，充溢着诗情画意的愉悦，又是恬静的巴赫协奏曲，充满了沉思冥想的意味，和诺日朗瀑布一样晶莹剔透的水珠像自由的精灵在飞舞，在沉稳的山峰映衬下更显出轻盈之美。五彩斑斓的鲤鱼欢快地穿梭在莲花婀娜的身影里，时不时仰起身子，向亲密靠近它的师生们呢喃着"鲤鱼跳龙门"的古老故事。

与灵动的"小诺日朗瀑布"相映生辉的是静静的绿茵茵的操场，这令人沉醉的绿像一潭湖水柔柔地亲吻着你的脚，又像一片生机盎然的草原润润地养怡着你的眼。操场上任何不经意的一瞥，三号楼墙上栩栩如生的银灰色航天飞机、宇宙飞船等立体浮雕刹那间随着你的心儿一齐飞扬到浩瀚的太空，一股擎天的豪气充溢你的胸膛，给你带来如此底气的是充盈着知识气息的教学楼，它正默默诉说着老校悠久的历史和拥有的辉煌。

在教学楼拾阶而上，一帧帧可爱的学生照片、一幅幅或遒劲或飘逸的书法佳作迎接着你，教室内励志警句蕴含深刻的人生哲理，黑板报和展示板记录着精彩活动的美丽瞬间，这些如春风化雨般浸淫着你，都见证着美的行为在闪光，折射出老师的对学生的欣赏和热爱，更激发起学生奋发向上的自豪感。"斯是陋室，惟吾德馨"，布局越简约，心灵的追求越精致高雅。真正有价值的美景，埋没不了，不会苍老，能常青常绿。

"景美则心旷，心旷则神怡，神怡则智清，智清则学佳。"校园简约静致的美无处不在,这是平凡之美、和谐之美,让我们掬一把这积淀在校园每一个角落的美丽花瓣,吸一口这发酵的丝丝香味,不仅能给人以美的陶冶,也能给人以智慧的启迪,感受到无穷的希望和力量。让你不得不对学校管理者的精妙心思心领神会,不得不叹服创造校园美景的师生们。所谓"予人玫瑰,手有余香",创造美景的人比欣赏美景的人更幸福更满足,只要我们拥有一双慧眼,你会欣喜地透视到人们心灵深处的无限风景。愿我们师生像呵护瓷器般去小心翼翼地爱护我们精致的校园,用心灵和行动去实现"各美其美、美人之美、美美与共、天下大同"的美好境界。

（三）校园美景

雍　涛　老师

这是一个如诗如画的校园,如五言诗一般小而全。

早晨,如果你在上课后铃响后步入我们的校园,穿过不甚宽阔的走道,你会慢慢置身于一个小巧美丽的操场。抬头而望,教学楼的墙上,几排如"好知,好学,好问,好悟"的金色文字像士兵一样整齐地排列着;低头俯视,袖珍的池塘里留有残荷,隐约告诉我们这里的秋日曾经多么热闹;春日的阴霾里,墙根里居然有翠绿欲滴的茵茵小草对人浅笑;环顾四周,有矗立着的充盈着知识气息的教学楼默默地诉说着悠久的历史和今日的辉煌。静心仰望,隔壁体育场里风筝在风里低徊;细细倾听,安静的校园里传来教室里老师或者同学的或低或高的各种声音。

如果你是在课间走进教学楼,你会看到阳光铺在写有"让优秀成为一种习惯"的铜牌上,又把柔和的晨光反射到我们身上,踏上一级级楼梯的台阶,你会不停地碰见自己的学生或是外班的学生,不是友好地招一招手,就是亲热地叫几声老师好,或者亲切地聊两句,也许还会停下来,再聊一聊最近做了些什么,要注意点什么问题,每个人眼里全是笑意。

如果你是在去往教室的路上,或是从教室走廊上走过,你会发现,学生们喜欢课间,喜欢那可以让他们自由发挥的十分钟:他们有的会去办公室询问老师一些问题,让他们更加的充实与睿智;有的在座位上一起讨论问题,希望来提高彼此的成绩,有的研究漫画上人物的画法,有的依傍在桌前上,远眺窗外,有的聚集在一起,谈笑风生。沐浴在阳光中,享受着最美好的金色年华,同学们多么像温暖的果园里挂在枝头的果实,静静等待长大成熟。

年轻的充满朝气的学子,背负着自己的未来使命,家长的希望,在这个梦境一般的地方——上大市北附中,我们美丽的校园里,奋发图强,希望这校园美丽的风景,能伴他们成长。

(四)校园美景

顾行健　高二(5)班

校园,这个地方对于学生而言无异于第二个家。毫不夸张地说,在这里,我们度过了童年的大部分时间。在校园中待的时间远比在家中待得要长。在这里,我们实在倾注了太多的情感。

漫步于校园,这个已经陪伴了我走过一年半,还会再陪伴我走过一年半的地方,心中没由来得会升起一种亲切感。顺着校门口的路一直走着,映入眼帘的是一挂水幕。每每上体育课或者做早操的时候,都能够听见水幕上的水击打水幕下的一方池塘。而上课之时,这水声又宛如有了灵性一般,自动退出了我们的视听内。其实说是击打也着实过了一些,不如说是抚弄。细细驻耳倾听,又仿佛两者皆有之。水流顺着墙壁流下,日夜都不息止,恰好应了那一句"逝者如斯夫,昼夜不止"的名句。或许它可能是在提醒我们,时间其实与流水一样易逝。而下方的池塘也始终不溢满,虽然知道这其中无疑是有着水泵的作用,但还是常常为这种恰到好处的循环而暗赞一声。

说它是瀑布,它的水流太过涓细,如丝如绸,浑然没有瀑布的气势与激情。说它是池塘,也不全然相似,水流激起的波纹与平滑如镜的池塘又大相径庭。它并非是标新立异,而是包容了两种极端互不相容的美,该有的它一样也不少:鱼戏莲叶间的柔美,壁立十尺的力度同时体现于它的身上。矛盾,却又统一,将一切的对立都融合在一起。突然发现,那一句"上善若水"体现出的竟是这样一种玄妙的境界。

当然,在我的心中,它的存在应该还有着另一重意义吧。传闻古时铸剑的人在铸造的时候常常会选在一个有水的地方,为的是将在火炉中高温炙烤的剑投到水中,让其冷却,增加剑的硬度和韧性。然后他们会将冷却后的剑再次投入炉火之中,如此往复。越是被这样淬炼的剑,就越是锋利,越是无坚不摧。其中赫赫有名的龙泉剑,便是有龙泉之水淬炼而来。我想它的存在就是提醒我们要像淬炼宝剑一样淬炼自己,在一次次的考试中磨练自己,增长知识,阅历,培养心性,情操。时时刻刻能够保持冷静,时时刻刻能够反省自己。龙泉,龙泉,或许你就是我的龙泉吧。

观水往往有得,古之圣人观水,在其中领会自然道理,从而心智神明。今之学子观水也应该能有一番体悟。

只愿校园的清流常驻于心间,映人影,照人心。

(五) 校园美景

沈蔡颖　高三(5)班

三年前,当我怀着对高中生活的未知与憧憬迈入这个陌生的校园时,迎面而来的还只是一面光秃秃的灰色水泥墙,连绵的阴雨在墙面冲刷留下的只是片片斑驳。

三年间,这面墙让我不断地在熟悉与陌生之间往复,墙面上那一排时刻纤尘不染的玻璃橱窗记载了三年间不断发生的点点滴滴,雨水扫过留下我们往日的欢笑的印记。高一时令我们至今难忘的军训,中日交流,高二时那虽然辛苦但是充满喜悦的学农,每年的艺术节,体育节等活动的照片都曾经在这里展出过,记录属于我们青春的独一无二的回忆。

上学期的期末,我们在学生会的发起下,全校学生共同参与,秉持着公开、公正、公平的原则评选出了教师之星。这学期在橱窗中就展示出来这些令我们感动，为我们奉献的人的照片。透过那一张张或是笑面如花，或是慈祥和蔼的脸庞，我们可以瞬间知道这个老师的性格如何。他们或是平易近人、威严庄重又或是风趣幽默。而在每一张照片附近标注着的人生格言，不仅可以帮助我们更加了解老师们，更加对我们的人生有重要的启迪。在所有的名言中有这么一句话令我印象深刻，"读书就像堆雪人只有不畏严寒才能堆出个人样来。"虽然我只有在上学期的结业典礼上从主持人对这位老师的介绍中听到过一次这句话，可是纵然时间已过了这么久，这句话却时刻的浮现在我耳边，让我仿佛觉得已经看到过很多次这句话。上了高三的下半学期后，更加加深了我对这句话的见解，面对渐渐逼近的高考，永无休止的学业任务，我也曾经觉得辛苦，觉得难以忍受，可是每次想到这句话又觉得，其实只要坚持，耐得住严寒的侵袭，冰雪的磨砺，最终总能有所成就。

　　校园的美可能并不是什么美轮美奂的实物，它可能只是平平凡凡的一句话，也有可能只是一瞬间闪过心里的感动，然而无论是什么样的存在，他们都会给我们带来一种力量，让我们不断前进。

附录四

"新校标，深寓意"

——新校标师生共解读（摘录）

让优秀成为一种习惯

（一）陈　芬　校长

一、整体造型

类似草体的"上"字，突出"让优秀成为一种习惯"的办学理念以及积极向上的文化氛围；"S"与"D"的整合恰好突出校名"上大"的首字母；"红""黑"相衬，"弯""直"相连，对比鲜明，寓意深刻。

二、红色立柱

造型与颜色："1"的造型就像尖峰高耸，起立向上；红色体现"向真、向美、
　　　　　　向善、向上"的校园文化基色。

象征与寓意：象征附中人追求"让优秀成为一种习惯"、"让美的行为闪
　　　　　　光"的坚定信念（"心远"）以及追求卓越、勇攀高峰的坚强决
　　　　　　心（"笃行"）。

三、黑色弯道

造型与颜色：弯道造型一波三折，螺旋上升；黑色体现沉稳、执着的附中
　　　　　　精神。

象征与寓意:象征附中人在追求理想的过程中执着求索,百折不挠,勇往直前的果敢与勇气("勇毅""坚卓")。

新校标新颖独特,简练醒目。整体造型又像一艘扬帆起航的巨轮,满载着附中师生驶向理想的彼岸。

(二) 傅京湘 老师

火红的事业,艰辛的历程。

前途是光明的,道路是曲折的。

一、红色主柱

形体:尖峰高耸,起立向上。

象征:目标和要求(心远、笃行)。

寓意:上大市北附中目标高远,拼搏向上,改革创新,追求卓越。

红色:象征:"向真、向美、向善、向上"。结合我校的办学实践可具体解读为:忠诚、和谐、特色、优秀。

忠诚:忠于党的教育事业,办人民满意的教育;

和谐:营造和谐课堂,和谐校园;

特色:培养特长,创办特色;

优秀:"让优秀成为一种习惯","让美的行为闪光"。

二、黑色弯道

形体:一波三折,螺旋上升。

象征:求索与奋进(勇毅、坚卓)。

寓意:负重起飞,百折不挠,箭指蓝天,一往无前。

黑色:象征:困难、挫折、艰辛、挑战。

"红""黑"相衬,"弯""直"相连,对比鲜明,寓意深刻。

(三) 孙 兴 高一(6)班

曾经得诗仙李青莲有感"长风破浪会有时,直挂云帆济沧海。"而今我们正是驶离港湾,扬帆远航之时。

学校是以育人为主的殿堂，是造就一批又一批对社会有用的人才的圣地。而一所学校什么是最重要的？是教学设施？不，这只是次要的。是校园面积？不，这也不够。是师资力量，是学生的热情付出，是师生之间最有效的配合。

而校标，我们的校标更是体现了这一点。盾形，是我们校标的轮廓，可以看得出这一设计有很多心思。一座盾牌最重要的是什么？对，是坚固，是那种坚不可摧的坚固，大家都知道钢铁为什么坚固？因为密度，这密度从何而来？那便是师生之间的紧密联系，当我们与老师之间形成一种默契，一种不再有师生之间的威严而更多是朋友之间的默契时，这座盾就形成了。这座盾将面对的就是高考这把利剑的试练，而我们也要正式发挥出自己的全部力量去抵御它，面对它，不退缩。

而盾中的图案很像我们校名中的"上"字，更有欣欣向荣、积极向上之意，鼓励我们越走越远，更是时刻提醒我们，让我们把校服胸口校标的含意牢记心中，本着积极向上的信念，使自己更优秀，这也符合了我校"让优秀成为一种习惯"的办学理念。

细看盾中的圆形更像一艘正扬帆起航在大海上的帆船。我们就像是图案上帆船的船身，正驶过一座座潜在大海下的礁石，攀登一个又一个海浪的高峰，向着海的尽头驶去。而老师则像船身上的桅杆，擎着知识的风帆，源源不断地为帆船提供着动力，学生与老师完美地组合在一起共同去克服高考这片宽阔无比、浩瀚无坝的大海，积累的力量，驶向大学的殿堂。

校标激励着我们去乘风破浪，去远航。

（四）杨梦如　高二（3）班

来到 UN 中学已经一年多了，从开始的不习惯渐渐衍变为喜欢上这所学校。校标在我们期盼了一年后终于新鲜出炉了！

第一次看到新校标我就觉得十分符合我们学校的形象，给人以积极向上的感觉。

从校标上来看，是一个很抽象的"上"字，和一个大写字母"D"，这正好是"上大"的缩写，设计的十分巧妙和别致。

远看校标,我觉得更像一艘扬帆起航的帆船,给人一种十分有朝气的感觉。这更是鼓励了我们在校学生要扬帆起航,乘风破浪,在高中生涯中一路向前,勇敢、踏实地走下去!

"让优秀成为一种习惯"这是我们学校的标语,这幅校标也很好体现了这句话的含意。近看校标,像一个螺旋上升的楼梯,它引领着我们一路向上攀登,给人以积极向上之感。

校标由两色组成,分别为红色和黑色。我认为红色体现出了我们对于学习的那份热情红似火。黑色是在时刻提醒我们做事和学习一定要沉着冷静。红与黑的交融,谱写出一曲动人的华章。

我认为校标更像两条相交的河流,我们从不同的初中来到了 UN 中学,我们像河流一样汇聚到这里,我们在这里学会了很多,获得了很多,更懂得了很多。

校标不仅仅只是一个标志,更是一所学校精神的体现。

我相信这个校标会引领着我们去创造新的辉煌。

校标中那红色的"1"字,提醒着我们要勇争第一,而那黑色的"S"型,则告诉了我们要取得第一的道路是很艰辛的、是曲折的、是充满困难的!

"L"代表着"Luck"幸运,"S"代表着"Serious"认真,曾经有位科学家说过:"幸运只是成功的一小部分,认真努力,勤劳才是成功的关键性因素。"

今天我们以学校为荣,明天学校以我们为荣。为自己的梦想而拼搏!

附录五

青年教师专业发展规划

一、指导思想

青年教师是学校教师队伍的重要组成部分,是学校发展的希望,是学校可持续发展的后备力量。《国家中长期教育改革和发展规划纲要》的颁布实施,对教师学历阅历、专业知识与技能、实践能力等提出了新的更高的要求,教师面临着新的挑战。为了提高我校教师队伍素质,确保生源质量的稳定,特制订学校教师专业发展规划。

二、现状分析(SWOT 分析)

1. 优势

职初教师热情高,干劲足,思维活跃,方法灵活;有亲和力与学生易沟通,创新能力强,信息技术手段先进,一专多能。

2. 劣势

难摆脱学生的思维举止,角色转换较慢;经验缺乏,应对能力差;管理学生、人际关系处理的尺度把握不准,理想与现实有反差;课堂教学不规范,专业发展规划不明确。

3.威胁

老教师职业倦怠的影响与自身发展方向的不明确,使得青年教师的业务追求与专业发展参差不齐。

4.机会

积极热情的工作态度,好学上进的工作氛围,经过学校、专家、师傅等外力推动和内驱力形成双向合力提升青年教师的专业水平。

三、培养目标——一到两年站稳讲台,两到三年业务过硬,三到五年成为骨干

总目标:

通过培育优秀文化氛围、以新带老、常规创新等有效机制,激发教师自主发展的动力,打造一支师德高尚、业务精湛、具有创新精神和实践能力的青年教师主力军。

分目标:

(一)职业情感方面

1.热爱本职,敬业爱生,业务精良,拼搏奉献,以身作则,为人师表;

2.教师要增强教育的使命感,确立正确的教育观、学生观、职业观、价值观,帮助学生成为有责任感的社会公民;

3.教师要用高尚的职业道德行为去影响教育学生,帮助学生认识自我并超越自我,做到既教书又育人;以人格培养人格,用灵魂塑造灵魂;

4.教师要尊重呵护每位学生,建立和谐平等的师生关系,争做"四心"教师。

(二)业务技能方面

教师要对学生的学习和发展负责,要具有学科知识方面的专业技能,成为业务教学方面的能手。应具备:

1.职业协调能力:有效协调人际关系和沟通表达的能力、个案处理诊断根源的能力、筹划组织能力、有效控班的能力;

2.课堂驾驭能力:认知与了解学生、与学生平等交流合作、组织协调学生活动、构建和谐的活力课堂的能力;

3.教育科研能力:把在教育教学过程中遇到的问题、困惑作为课题,边学习、边实践、边研究,注重从学生个性差异出发,针对学生的不同层次及需求,寻找有针对性的教育教学方法,并及时总结反思,不断提高。

4.创新反思能力:青年教师三到五年要做到:在教育教学工作中摸索方法,虚心求教,积累经验,逐步胜任班主任和毕业班工作;

5.教学实践能力:准确把握三维目标的能力;创造性加工使用教材的能力;灵活运用教学策略转化学生的能力;掌握有利于学生发展的激励评价能力。

四、行动研究

学校决定成立青年教师学会,建立以提高教育质量为导向的管理制度和督导机制,对我校 35 岁以下青年教师的专业发展规划与措施从以下几方面引导与要求:

1.组织管理促发展

通过学校的协会领导小组的规划与指导,通过业务技能、教科研方面表现的考核、评审与反馈推动青年教师教育教学水平的提高。

2.活动促成长

通过教学、班级管理、转化学困生等项目研究、教育教学举措反思、交流研讨、成果、风采展示等活动促进青年教师快速成长。

五、培养措施

培养途径:自主发展、同伴互助、专家引领

具体措施:建立青年教师业务成长档案,健全考评机制,从常规工作以及自选项目等几方面加以考核与评估

1.关注教育教学论题

每学期思考一个教育教学论题,有计划研读教育书刊,做好读书笔记,提升自身的理论修养与独立思辨能力;

2. 撰写课（教）后反思或案例（班主任与学科两方面）

坚持学习与思考，经常"微格"改进，撰写课后反思并进行个案剖析，对任教学科与学生进行详细的学情分析与质量分析，与学生谈心、转化工作及时记录与总结每学期不得少于 5 人次；

3. 编制一套有效试题

青年教师见习期满必须具备常规教学的能力，锻炼自己的命题能力，每学期至少编制一套单元或阶段试题，要求切合课标考纲与教学要求，反映学生薄弱易错知识，并对比预期目标与测试结果的达成情况；

4. 上好一堂精品课（主题班会）

每学期把自己的一份精品教案研磨成一堂自己满意的精品课，要求符合三维目标，切合学生实际，渗透先进思想，体现独特立意。并请全组教师听课提建议并及时改进；

5. 定期梳理知识框架、研究课程标准

青年教师每学期的寒暑假一定要研究近五年高考题，清晰梳理学科知识结构，明确初高中衔接及各年度知识点、考点、重点难点以及应用考点的典型例题，才能把准脉络与方向，提高教学效益；

6. 投入教学研究活动、组织学生活动

青年教师要积极参加教研备课及各类业务培训等活动，每周至少听课 2 节（带教师傅、本学科或跨学科），每学期至少听一节主题班会，虚心学习其他教师的有效教法，不断提高自身的教育教学及控班水平；

7. 撰写教育教学论文

每学年通过对所关注的理论主题在实践中运用的感悟，撰写一篇高质量的教育教学论文并争取获奖或发表，积极承担或与同组教师分工合作进行课题研究工作，不断发现反思并有效改进教育教学中出现的问题，以教带研，以研促教；

8. 勇于承担重任

青年教师要勤于思考，乐于奉献，善于反思，勇于担当，教学投入且效果突出的可以担任备课组长、教研组长、年级组长或组长助理；

9. 制定个人专业发展规划

职初教师入职后就要结合教育规律及自身特点,制定的个人专业成长规划,并将在具体的实施中不断调整完善,使规划更有利于自身的专业成长和发展,使自己尽快成长为业务过硬的骨干教师；

10. 建立业务成长档案

对自己设定一系列的自选项目,以提高对自身发展的要求,比如：

定期做好教学技能大赛的纪录,学生转化与培养记录,积极参与命题、说课、学情与质量分析、学案编制、课题研究、学习感悟、论坛反思等竞赛与评比。

附录六

"观《大师》,学做人"学生征文(部分)

(一) 观大师品大师

高二(3)班 戴玮

水,遇刚则刚,遇柔则柔,我想沈从文老先生便是这最好的诠释。因为他的朴实无华,给我们留下了一股清新的湘西之风,忘不了的是宁静致远的生活。正是因为他的坎坷一生,才会使后世的人愈发敬仰,直到现在,他依然活在我们的心中。

沈老先生总是说自己是一位乡下人,即使在北京这样的大城市生活了这么多年,依然与之格格不入,我想就是他的质朴导致了他一生的起起伏伏。

"值得回忆的哀乐人事都是湿的。"沈老先生一直对他的故乡湘西念念不忘,他笔下的湘西犹如陶渊明的桃花源。近乎原始的单纯生活、淳朴自然的民风、善良敦厚的本性,与那温柔的水流、清新的山风、白日喧嚣、夜里静谧的渡船构成一幅优美写意的画卷。无疑,那种勾心斗角的生活从来都不适合这位从湘西走出的人性歌者。

"这书里有些文章很年轻,到你成大人时,它好像还很年轻。"当我还不了解他的时候,听到他如雷贯耳的名字,总是带着一丝敬畏之心的,可当我看到他遭遇政治打击时,心中不免难以置信。原来,沈老先生竟然有过这么落魄的时候,可随即一想,又释然了,如若没有经历过这样的境遇,又怎会用清淡的笔墨书写生活的不幸和美的消逝? 又怎会用抒情的笔触表现不幸生活中生命的柔韧和对平静生活的憧憬?

"不折不从,亦慈亦让;星斗其文,赤子其人。"沈老先生一直坚持他所信仰的人生观、价值观和审美观,自然不论在什么时代都是离群的,他只属于他所生长的土地,只属于愿意且理解他的人。即便这样的傲骨让他在后来的生活中百遭磨难,可他依然坚持自我,不得不说,他是一位伟人、一位大师。认识到了这些,我的心中止不住地翻腾,掩卷无言,我只想永留住这份深藏在心里的感动。

大师,沈老先生当之无愧,他把对人生的隐忧和对生命的思考都写在了自己的作品里。他用他淡淡的文字刻下了他对生命的敬畏。他那实在而又顽强的生命,给人教益与启示。在这一刻,我对他,肃然起敬!

（二）永恒之美

高二(3)　郑文韬

春秋战国时期,中华文明在世界上傲视群雄,百家争鸣演绎了世界古代思想史上最光彩夺目的一笔,涌现出了一批大师。19 世纪、20 世纪之交,炎黄子孙正遭受着空前的折磨。而就在这深重的苦难中,却孕育出了最耀眼的辉煌。在文学、科学、艺术等诸多领域,涌现出了一大群杰出的大师。

在诸多大师中,最令我印象深刻的是我国现代文学巨匠——沈从文先生。

作为一名作家,沈从文在文学领域的成就是令人钦佩的。无论是带有浓重故乡特色和自然美感的《边城》和《湘行散记》,还是回忆峥嵘岁月的《记胡也频》和《记丁玲》,都使我了解了沈从文的人生追求。他的作品不仅是对自然和淳朴的讴歌,更是对一个时代的愤慨。

写出优秀文学著作的作家千千万,而沈从文却可以担当"大师"盛名,这其中还有什么原因呢？沈从文的人生的信念与追求更是值得我深思和学习的。

沈从文对学习的执着追求令我动容。沈从文仅有小学学历。然而，他从自然中，从平时的阅读中，孜孜不倦地吸收知识的雨露。最终，他不但成为文学巨匠，而且还成为了一名学者。相比之下，现在我们的学习条件与环境远优于他所处的时代，我们又有什么理由不思进取、虚度光阴呢？

在逆境中，沈从文的所作所为代表了他人生的最高境界。解放前夕，沈从文被激进青年列为"反动作家"。他惶恐过、无助过。解放后，他放下了自己的笔，转入了中国古代服装研究这个行业。在这个陌生的专业中，他像年轻时求学一样，起早贪黑，勤勤恳恳。他的《中国古代服饰研究》是他人生中又一个高峰。"夫风无雌雄之异，而人有遇不遇之变"。在逆境中，沈从文在一个全新的领域做出了不亚于他在文学领域的成就。这种逆流而上、上下求索的精神是他那批知识分子的铮铮铁骨。

大师，他们并不是天赋异禀，也不见得有多好的客观条件。只是凭借着自己的主观努力及一颗进取报国之心，终成大师。

大师，似乎总是在逆境中铸就。"男儿立志出乡关，学不成名死不还。埋骨何须桑梓地？人生何处不青山。"安逸与享受，只属于守财奴。无论是远渡重洋，或是寒窗苦读，亦或是烽火连天，大师们从未停止过自己追求学问、探索真理的步伐。当他们完成学术的积累的同时，更铸就了自己坚毅、顽强的意志品质。大师是通过不断地磨练与日积月累的坚持，而形成了自己的风格，达到了旷达、深远的境界。

我校历来推崇"让优秀成为一种习惯"、"让美的行为闪光"。大师们就是时时刻刻践行着优秀，追求着优秀。大师与凡人最大的区别就在于：凡人只能做到一时的优秀，而大师则将优秀作为了自己的人生准则。若我们能将大师身上的优秀精神与我校的德育工作有机结合起来，我们一定也能成为自己的"大师"。

前几年，巴金、季羡林、钱学森等大师中最后的几位驾鹤西去。他们的离去，是一个时代的结束。那个时代的精华，是与我国的民族解放独立紧密相连的。其中的精英，不仅是学术上的大师，更是带有革命性与正义感的。大师之后，再无大师。就如先秦诸子一去不复返一样，再也不会有这样的时代了，再也不会有这般大师了。

当今社会，弥漫着浮华与急功近利，缺少的是像大师那样的潜心研究与刻苦钻研。也许是"时势造英雄"，在如今这个经济发展的和平年代，已经没有任何大师的影子了。无论是从学术精神还是人格魅力上，当代的学者、作家都缺少了大师的内涵。作为青少年，我们不能与不良风气沆瀣一气，应努力继承那种大师风范，开创时代新风。

大师的美丽是永恒的，其中的教益更是永远受之不尽的。只有当我们也成为大师时，才真正领悟了大师的含义。

（三）大　　师

高二（4）　张立顺

大师之所以为大师，多是因为他们拥有一种力量。每一位大师都有各自不同的形形色色的经历，有的充满激情；有的略显沧桑；有的看似平淡，但伟大之极。无论什么样的经历都掩饰不住他们拥有的力量——对事业的热爱和执着。

热爱是最基本的动力；热爱是明确的方向；热爱是无怨无悔。"我的命为什么那么苦。"这是谢希德女士在一场文化灾难面前说的话，但我想，这句话后面应该还藏着"但我热爱。"这简单而坚定的四个字。她想站在科学的顶端，她热爱科学，她更知道国家需要科学，被囚禁于冷室近九年，又扫了厕所，身边人的离开和癌症的侵袭，这般苦难在这四个字面前只怕是渺小如沙的灰尘罢了。日后她再一次投身科学，投身教育，投身于自己热爱的那片净土，那片繁荣。同样是对学术的热爱，同样是对教育的热爱，中国气象学的开创者，浙大的转变者——竺可桢，更好的更有魄力地诠释了热爱。从本打算在浙大任校长一职半年，最后做了整整十三年；从抗战时期带领学生在山沟躲难并求学的日子里;从最后竺老在自家院子里的小研究,无处不充斥着,拥有着对求实求真的热爱……这便是真正的热爱。

执著是自我铺路的过程;执著是不可或缺的信念;执著是不离不弃。一位经历过生死的文人;一位柔情似水的"乡下人";一位坚毅如钢的学者——沈从文。文学上的贡献有股淡淡的伟大,但"文化大革命"后,他迷失了自己,他不明白,不清楚,变得不认识自己。再抬头,等待他的是荣誉和煎熬。可是他用他自身那不简单的执著完成了《中国古代服装史》,满地的资料,满床的书籍,整屋的知识,百看不厌,千想不腻,支撑他的,唯独那份执著。美誉的传播离不开蔡元培的执著,就像人类离不开太阳一般,那样基础,那样必需。劳工神圣,教育平等这些伟大的字眼,都由他的执着托起,筑起。在他离开人世前一年还在奔赴演讲自己的思想,自己的理念,他开放了北京大学,他开放了的教育。

对于学习我们谈不上热爱,那我们更应该需要执著;若谈不上执著,我们更需要的是坚持;即便是坚持也很难。大师之所以成为大师,因为他们有这种力量。他们热爱和执着。身为美术班的学生,才发现我们的对待美术的态度大多是应付高考,有几个人是真正喜欢的呢?那种经历风雨、经历失败、经历成功的喜欢呢?

承重的历史,永恒的大师,虽已是黑白的记忆,但那份热情和执着,仍旧鲜艳地铭记在我们心中。

附录七

课堂教学常规及基本要求

课堂教学是整个教学活动的核心和中心环节,是实施素质教育的主阵地,也是提高教学质量的关键。据此,制定以下课堂教学常规及基本要求。

一、课前备课

1. 课前认真备课,做到以下几点:

(1)认真钻研教材,掌握学生现状。

(2)根据课程标准和学情,制定课堂教学目标,明确教学重点。

(3)根据教学目标,精心设计教学流程,做到重点突出,难点化解,知识落实。

(4)教学环节清楚,层次分明,设置梯度,师生互动,符合学生的认知规律。

(5)精心选择适应学生需求的教学方法,创设良好的课堂视听效果;运用启发式和讨论式的教学方法,以激发学生独立思考和创新意识;注重让学生感受、理解知识产生和发展的过程,培养学生的科学精神和创新思维习惯,重视培养学生收集处理信息的能力、获取新知识的能力、分析和解决问题的能力、语言表达能力以及团结协作能力。

(6)要精心设计板书及练习、作业。凡布置给学生的习题必须亲自做过并具代表性。

2. 根据学科特点撰写详案。教案格式应基本包含：

①课题、课型(基础型、拓展型、研究型)

②教学目标(知识与技能、过程与方法、情感态度价值观目标)

③教学重点、难点及突破方法

④教学方法及教具选择

⑤教学内容与实施步骤(包括情境导入、问题设计、归纳小结、训练诊断)

⑥布置相关作业

⑦教学反思与后记(有经常性的信息反馈或经验小结)

3. 要根据自己教学特点与学生特点进行有效修改。不得使用未经修改的旧教案；不照搬教参或网上的教案。

4. 准备好上课必备的教具和学具。实验课、信息课、心理课、体育课等离开教室的课型，上课教师负责组织学生安全、安静、有序到达相关场所。

二、上、下课规范

1. 预备铃响(包括眼保健操)，任课老师确保到位，督促学生做好上课准备和眼保健操。同时要求学生将本课所需的学习用品放在课桌的规定位置(左上角)。

2. 上课铃响应准时上课。并注意礼仪规范：

老师进教室应宣布"上课"，学生起立；

老师说："同学们好"，学生们答："老师好"；老师说："请坐"，同学们就坐。

同学们坐好后，开始正式上课。

3. 下课铃响应准时下课。如遇广播操或者紧急集合情况，课任教师负责集合的起步工作，待相关老师或者班主任到后方可离开队伍。

4. 下课老师应注意礼仪：

下课时，老师应宣布"下课"，学生应起立；

老师说："同学们再见"，同学们答："老师再见"。

英语学科可用英语互致问候。

5. 上课向学生提问,教师应尊重学生,规范用语,多用表扬、鼓励的语言;不得对学生讽刺挖苦、体罚与变相体罚。不因学生不能答题而长时间罚站。不将学生赶出课堂。

三、课堂教学

1. 教学思路清晰,教学过程完整,准确把握重点难点,注重双基落实。

(1)每课应先写明课题,创设情景导入新课。教学要投入,以情感来感染学生。

(2)教学目标明确,教学过程要围绕教学目标展开,防止随意性。

(3)注重教学方法的探索。老师设问要切合学生实际。给予学生讨论、活动空间,充分发挥学生的主体作用,防止"一讲到底",学生参与面要广。

(4)根据教学内容,设置一定的课堂练习,帮助学生巩固已学知识,检查学生对本节课知识掌握的程度。课堂练习要紧扣重点和关键,难易适度,方式灵活。落实课堂教学的实效性,引导学生定期梳理知识脉络。

(5)教学结束,要对本课所讲内容进行归纳小结。

(6)教学中要善于捕捉学生的变化,及时评讲,反馈校正,重视目标达成度。

(7)作业布置要提出明确要求,一要精选适量,二要注重学生实际,三要与其他学科协调。对学有余力的学生要拓宽加深,发展其智力。

2. 要注重教学手段的选用。在运用好常规教学手段的同时,努力掌握运用现代教育技术手段,积极发挥多媒体教学的辅助作用。

3. 教师要有良好的教学素质,做到:

(1)仪表端正,衣着得体,教态自然亲切,作风民主。

(2)语言亲切规范,准确流畅,坚持使用普通话。

(3)板书端正、规范、正确,要有本节课知识框架的板书。

(4)注意新旧知识的衔接过渡。

(5)中途不得离开教室,不得提前下课。

（6）严禁课堂接听手机，手机携带必须关机或静音。

（7）根据教案进行上课，课后教案检查应能及时提供。

四、课后工作

1. 课后教师要认真批改作业，对学习困难学生的作业提倡面批面改。禁止让学生代替教师批改作业或阅卷。

2. 有针对性地组织个别困难学生补缺补差。补差工作不得占用上课时间、不得收费。

3. 根据教学情况及时调整和降低难度，及时撰写教学后记与反思。

附录八

上海大学市北附属中学学生校园之星
评选细则(试行稿)

一、指导思想

围绕学校"让优秀成为一种习惯"的办学理念,推进"让美的行为闪光"系列德育主题活动,落实学校三格教育的总体目标,形成良好校风、学风,学校在各项活动及学期、学年开展校园之星评选活动。

二、评审小组

组　长:陈　芬

副组长:陈洪团、顾而康、李丹艳

组　员:蔡　亮、杨杏明、孟晓玮、汪安良、李　强、周　婷、蒋　伟、各年级
　　　　组长

三、评选过程及条件

1.一级校园之星

一级校园之星是指在学校各项主题活动中,在某一方面表现突出,起到很好表率作用的学生。经由班级民主推荐,年级审核,学校终评(具体要求见各项校园之星评选细则)。

2. 二级校园之星

二级校园之星在每学年第一学期期末和第二学期期中评选,在已评选过的一级校园之星中产生,由班级民主推荐,年级审核,学校终评。

推荐为二级校园之星的同学,除学习之星与规范之星外,必须获得过 2 至 3 项以上的一级校园之星。

3. 三级校园之星

三级校园之星(等同于校级三好学生)为学年总评,于每学年第二学期期末开展,由班级民主推荐,年级审核,学校终评。

推荐为三级校园之星的同学,条件一:在本学年获得过 2 次二级校园之星,其中有一次必须为学习之星;条件二:在本学年获得 3 次及以上二级校园之星。

四、备 注

1. 每学年评选的三级校园之星即等同本学年的校三好学生。

2. 推荐区级三好学生,在获得本学年三级校园之星的基础上推荐产生。

3. 各级学生之星评选基本条件:不得违反《中学生日常行为规范》,不得违反《上海大学市北附属中学学生日常规范》,不得违反《上海大学市北附属中学学生手册》等各项纪律,才可提名各项学生之星的评比。

五、各级校园之星及评选细则

(一) 一级校园之星

1. 军训

(1)礼仪之星:仪表整齐,待人亲切,能够主动向师长问好;待人接物能够给其他同学以示范作用;对同学团结友爱,能够主动的帮助别人。

(2)才艺之星:在文艺晚会和日常军训中表现出优秀的才艺技能。

(3)宣传之星:能够出色的完成班级宣传任务,并且积极参与学校宣传工作,对学校宣传工作有突出的贡献。

(4)服务之星:能够积极帮助班主任管理好班级,很好的完成本职工作,获得全班同学的认同;能积极主动的组织、承担内务工作,所在寝室卫生状况优秀。

(5)迷彩之星:在军事训练中表现出良好的素质,一举一动都符合军训标准,在队列操练中能够给全班同学起到示范作用。

(6)勇毅之星:能够克服困难,积极参加军训,并作军训过程中超越自我,勇毅坚卓。

(7)校园军训之星:综合以上各条,取得两项以上一级校园之星,在各方面都能起到示范作用,经过学校研究授予"校园军训之星"荣誉称号。(校园军训之星为二级校园之星)

2. 学农

(1)礼仪之星:仪表整齐,待人亲切,能够主动向师长问好;待人接物能够给其他同学以示范作用;对同学团结友爱,能够主动的帮助别人。

(2)宣传之星:能够出色的完成班级宣传任务,并且积极参与学校宣传工作,对学校宣传工作有突出的贡献。

(3)服务之星:能够积极帮助班主任管理好班级,很好的完成本职工作,获得全班同学的认同;在学农过程中,服从学校安排,为全校同学做好后勤服务工作;能积极主动的组织、承担内务工作,所在寝室卫生状况优秀。

(4)劳动之星:在劳动过程中表现出良好的素质,能出色完成劳动任务,在劳动中能够给全班同学起到示范作用;在劳动过程中能够很好的合作,为其他同学做好表率。

(5)校园学农之星:综合以上各条,取得两项以上一级校园之星,在各方面都能起到示范作用,经过学校研究授予"校园学农之星"荣誉称号。(校园学农之星为二级校园之星)

3. 东方绿舟国防教育

(1)礼仪之星:仪表整齐,待人亲切,能够主动向师长问好;待人接物能够给其他同学以示范作用;对同学团结友爱,能够主动的帮助别人。

(2)勇毅之星:能够克服困难,积极参加军训,并作军训过程中超越自我,勇毅坚卓。

（3）宣传之星：能够出色的完成班级宣传任务，并且积极参与学校宣传工作，对学校宣传工作有突出的贡献。

（4）服务之星：能够积极帮助班主任管理好班级，很好的完成本职工作，获得全班同学的认同；能积极主动的组织、承担内务工作，所在寝室卫生状况优秀。

（5）绿舟军训之星：综合以上各条，取得两项以上一级校园之星，在各方面都能起到示范作用，经过学校研究授予"绿舟军训之星"荣誉称号。（绿舟军训之星为二级校园之星）

4. 文化体育节

（1）竞技与合作之星：在体育节比赛中体现出良好的竞技状态，取得优异的比赛成绩，体现"青春 健康 合作 拼搏"的竞技精神。

（2）坚持与拼搏之星：在体育节过程中，表现出良好的拼搏精神和强烈的集体荣誉感。

（3）宣传之星：能够出色的完成班级宣传任务，并且积极参与学校宣传工作，对学校宣传工作有突出的贡献。

（4）服务之星：在体育节过程中积极参与志愿者服务工作，工作效果突出，获得老师和同学的认可；能够积极帮助班主任组织好活动，很好的完成本职工作，获得全班同学的认同。

5. 文化艺术节

（1）才艺之星：在活动中表现出优秀的才艺技能。

（2）服务之星：在文化艺术节过程中积极参与志愿者服务工作，工作效果突出，获得老师和同学的认可；能够积极帮助班主任组织好活动，很好的完成本职工作，获得全班同学的认同。

（3）宣传之星：能够出色的完成班级的宣传任务，并且积极参与学校宣传工作，对学校宣传工作有突出的贡献。

（4）创作之星：在征文、美术类比赛中展现出才能。

6. 中日交流

（1）礼仪之星：仪表整齐，待人亲切，能够主动向师长问好；在中日交流活动中能够给其他同学以示范作用。

（2）服务之星：能够积极帮助班主任组织好活动，很好的完成本职工作，获得全班同学的认同；在中日交流过程中积极承担学校工作，工作效果突出，获得老师和同学的认可。

（二）二级校园之星

1. 学习之星：各学科发展均衡，学习成绩优异；或是在学科类区级及以上比赛中获奖的学生优先推荐；在学习上是班级或年级同学学习的榜样。

2. 奉献之星：在学校和班级各项事务和活动中乐于奉献，勇于承担和完成好学校和班级的各种任务。（条件：在日常获得两次以上服务之星、宣传之星等称号的学生）

3. 技艺之星：在艺体活动中表现突出（条件：获得两次以上竞技与合作之星、坚持与拼搏之星、才艺之星、创作之星、劳动之星等称号的学生）；或在艺体类区级以上比赛获奖的学生优先推荐。

4. 规范之星：高一年级，在行为规范及学习规范上有突出表现，或获得两次以上礼仪之星、迷彩之星、勇毅之星的学生可以推荐；高二、高三年级在行为规范及学习规范上有突出表现，成为其他同学的表率，在活动中获得礼仪之星的学生优先推荐。

5. 进步之星：在本学期学习及行为规范的表现上有巨大进步。

6. 在校园单项活动中获得的综合之星，如校园军训之星、校园学农之星、绿舟军训之星等。

（三）三级校园之星

上海大学市北附属中学校园之星

附录九

学 生 手 册

第一章　校园文化

办学理念　让优秀成为一种习惯

办学理想　让校园更有朝气,让师生更添智慧;让校园更具美感,让员工更加和谐。

办学目标　把学校办成具有鲜明特色的优质普通高中

学校价值　在相互尊重的氛围里,让每一个成员的人格都能得以健全发展;在营造快乐的环境中,让每一个成员都能成为学校人才。

教师价值　要有积极健康的心态,不懈钻研的精神,尽情呵护学生的求知欲和创造欲,尽心培养学生对前途的希望和对未来的信心;人人争做"让学生舒心、家长安心、同事赏心、学校放心"的"四心"教师。

学生价值　力争成为具有高尚国格、强健体格、健全人格的社会公民。

八字校训　心远 笃行 勇毅 坚卓

八字教风　身正 学高 求索 致用

四好学风　好知 好学 好问 好悟

第二章　常规制度

（一）一日常规

一、基本规范

1. 学生须遵守《中学生日常行为规范》

2. 学生按时到校，进校文明有礼；自行车进出校门及在校园内一律推行，学生要按规定区域停放自行车，车尾成一直线。

3. 学生进校和集体活动必须穿校服；学生不染发、不烫发，男生不留长发，不理另类发型，女生长发不披肩。学生不佩戴饰物，不化妆、不涂指甲油。

4. 在校期间不得无故离校，需离校者，必须由班主任开具学校统一的出门条。

5. 放学后及时离开学校，不在校门口及路上逗留玩耍；不得让外校同学在校门口等候，也不得去外校等候同学。

二、升旗仪式与"两操"

1. 升旗仪式要求庄严、肃穆，不做其他事情。升国旗奏国歌时保持立正姿势，行注目礼；唱国歌时，歌声嘹亮。

2. 广播操不得随意缺席。班级进退场，和着音乐节奏，踩准步点，整齐划一。做操时动作整齐、到位、有力。

3. 眼保健操认真对待，姿势正确，牢记用眼卫生。

三、课堂规范

1. 两分钟预备铃响后及时有序进入教室，做好上课准备，水杯、饮料等与学习无关物品不得摆放在课桌上。迟到学生经老师允许后方可进入教室，任何学生都不得在已经开始上课的情况下从教室后门直接进入教室。

2. 听课注意力集中，坐姿端正，积极思考，踊跃发言，声音响亮，认真做好笔记，不做与听课无关的事。

3. 午自修保持教室安静，不嬉笑、聊天或随意走动。

4.体育课不得无故缺席,病事假要课前向老师请假。积极锻炼,注意安全。

5.在专用教室上课,遵守相关规章制度,保持教室的干净整洁。

6.校班会及健康教育课认真听讲,不擅离教室。

四、作业与考试

1.课前做好预习,课后独立按时完成作业,及时订正。

2.无论学科测试、月考还是期中期末考试,都要认真复习备考。

3.考试不迟到,按指定教室指定座位就坐,诚实守信,不作弊。

五、文明礼仪

1.学生尊敬师长,友爱同学,诚实待人,语言文明,举止得体;主动向师长问好,进出办公室要得到老师允许。

2.虚心接受老师的教育和帮助,不欺骗、隐瞒老师;严禁顶撞老师。

3.课间文明休息,不在教室或走廊追逐打闹;上下楼梯靠右行走,遇见师长要礼让;饮水机前排队打水,节约用水;文明如厕,不乱扔物品在便槽。

4.文明用餐,珍惜粮食,不允许叫送外卖,饭后及时送还餐具。

5.保持教室整洁,桌椅排放整齐,清洁用品摆放在规定位置。爱护公物设施,节约用电,离开教室或放学时,要关闭所有电器设备。班级设专人管理公共财物,损坏物品及时报修,并照价赔偿。

6.不吸烟,不喝酒,不涉毒,不参加赌博、迷信和不安全的活动。

六、规范使用手机与文明上网

1.进入校园后手机关机,放学离开校园后才可开机,禁止在校园内使用手机。

2.军训、学农等集体活动中,禁止携带使用手机。

3.文明上网,绿色上网,不沉溺网络游戏与聊天。

(二) 学军学农制度

一、有序上下车,管理好私人物品,在老师带领下排队依次领取内务用品,有序进入自己宿舍整理内务。

二、军训、学农期间未经老师、辅导员同意,军训(学农)领导小组批准,不得擅自离开军训基地或不参加训练。

三、发扬不怕苦、不怕累的精神,为班级荣誉负责,不逃避训练。若有身体不适,需向带队领导班主任及时反映,经军训领导小组研究后,再作出适当安排。

四、注重文明礼仪,见到老师、教官和辅导员要主动问好;教官和教师来到宿舍,学生要全体起立问好;一切服从安排,顶撞教官和老师,学校严肃处理;同学间团结友爱。

五、养成良好行为习惯,站如松,坐如钟,做事不拖泥带水;在食堂用餐保持安静,爱惜粮食;讲究个人卫生,自觉做好值日工作;讲求节约,随时注意节水、节电;注意人身安全,不经老师或教官同意,不允许出宿舍楼,上下楼梯小心慢行,不追逐打闹;自觉爱护公物,破坏公物须赔偿。

六、不得和其他学校同学联系、接触,有问题及时向老师及辅导员反映,严禁串门找同学。

七、训练中注意补充水分,不要无节制喝饮料,严禁剧烈运动后马上饮用冰冻饮料。

八、不允许携带刀具等危险品;不允许携带手机等通讯工具、扑克牌、各种棋类、随身听、MP3、MP4、照相机等娱乐用品;不允许带任何饰品及其他贵重物品,带少量零钱,所带钱物自己保管好;不允许带零食。

九、活动中遇到任何问题,第一时间向班主任或教官反映。

十、违反军训学农纪律,按照上大市北附中校纪校规当场进行处理;若多次违纪或严重违纪,立刻停止军训,学校处理后于下一学年参加补训。

(三)考试管理制度

一、考场纪律

1.考生必须按规定时间到规定的考场参加考试。在考试前15分钟进入考场。迟到15分钟及以上者,不得入场考试。

2.考生进入考场,只准携带考试必须的文具用品。开卷考试还可携带指定的教科书。

3.考生进入考场,即按"试场座位号"对号入座。并将学生证、考试座位号放在桌子左上角,以便监考人员进行核对。考生进入考场后不准喧哗吵闹,保持试场安静。

4. 考生在试卷分发后,须核对试卷的科目,检查试卷页面,如有问题,应立即向监考人员报告,要求更换。

5. 考生须将本人的班级、姓名、学号、考试代号、座位号,清楚、正确地填写在试卷的规定位置上,切勿遗漏。试卷的其他地方不得书写学号和姓名等,不准作任何标记,否则试卷作废。

6. 考生答题,必须用蓝色或黑色的钢笔或圆珠笔书写,不得用红笔或铅笔(铅笔可用于作图和打草稿)。用红笔、铅笔答题的,不予评分。专用答题纸须用铅笔涂点。

7. 考生必须在试卷上答完各题,答题书写在草稿纸上无效。在专用答题纸上,考生必须按规定答题(涂点),涂错位置一律不予评分。

8. 考生答题时,如遇试题字迹不清,可举手询问,但对试题内容不得要求监考人员做任何解释或启示。

9. 考生在答题时间内,不得离开自己的座位。考试60分钟后,才准交卷离场。离场后,不得再进入考场,也不得在考场附近逗留、谈论。

10. 考试终了时间一到,考生应立即停止答卷,将试卷翻放,安坐原位,待监考人员按顺序收齐全部试卷后,才可离场。

11. 考生必须严格遵守考场纪律,不准交头接耳,不准偷看他人答案,不准夹带、换卷,违者以考试舞弊论处,给予校纪处分。

12. 考生不准携带现代通讯工具、有储存功能的电子文具进入考场,不得使用修正液、修正带。

二、考场管理

1. 教务处根据学校关于期中、期末考试时间的决定,制定"考试日程、考场、监考安排表"等,发至学校各处室、班级及监考人员。

2. 考场的编排:参加考试的学生以年级为单位,由计算机随机编号,来确定每个学生的考试座位号。每个考场原则上安排30人参加考试。

3. 考场的布置:考场由原上课班级学生在班主任老师的指导下,按"5×6"

(5 列,每列 6 个座位)形式编排座位。多余的课桌椅全部移到教室后面堆放整齐。清除抽屉里所有东西,并将黑板擦拭干净。

4.每个考场在考场门边贴"考场门贴",桌子的左上角贴"台角号"。

5.考前 20 分钟开考场门,考试结束后立即关闭考场门。

(四) 班级值周制度

值周过程是学生参与学校管理的过程,也是培养学生高尚的文明礼仪、集体意识以及爱校护校荣校的美好情感,提升学生工作能力的过程。因此,抓好班级的值周工作对班集体的建设、学生相互团结合作精神的培养,班级风貌的展示都有着积极的作用。按我校实际情况,特制定要求和内容如下:

一、要求

1.准时到岗,精神饱满,神态严肃。不随意离岗,不与其他同学随意交谈和看书等。发现违纪情况及时指出,敢于管理,纠正错误。如有不听劝说,记下违纪人的班级、姓名并做好反馈工作。

2.实行责任包干制,每项内容有责任人,并能严格管理。

3.各班干部要合理安排好值周工作,发挥干部在学生中的作用。准备好国旗下讲话和值周小结(交电子稿)周四交学生发展中心。写好检查记录日志,下周一上午第二节课后交学生发展中心。

4.对值周班工作,由学校行政、学生发展中心等部门统一进行考核。

二、内容

地点	时间	人数	内　容
校门	7:00—7:30	11	1. 向进校老师问好(男、女生各5名)。 2. 1人登记未戴校徽、未行礼的学生及偶发事件。
宣传栏	7:00—7:30	1	用干净的干抹布擦宣传栏。
自行车停放 (学生)		6	按年级指定地点停放。
2号楼 (1楼)		3	向老师问好,维护楼面秩序和卫生,随手关灯。
2号楼 (2—6)		每层2	
2号楼 (2—6)	11:30—11:50	2人	检查本楼面班级的环境卫生和饭盒归还情况。
	广播操时间		统计各班出操的人数(东、中楼道各1名)。
	眼保健操时间		安静、认真地做好眼保健操。
	校会时间		认真收看,收听。

第三章　奖惩制度

(一) 集体及个人评优评先

围绕学校"让优秀成为一种习惯"的教育理念,推进"让美的行为闪光"系列德育主题活动,落实学校三格教育的总体目标,形成良好校风、学风。学校在期末开展小结,初评先进班集体、合格班集体、三好生、三好表扬生、社会活动积极分子、显著进步生等评优活动。

一、评选标准：

（一）集体（先进班集体）

（1）落实学校"让优秀成为一种习惯"的教育理念，以"三格教育"为总体目标，积极参加学校各项教育教学活动，表现突出。

（2）有符合班级实际的目标管理体系和管理制度，有良好的班级核心力量，干部具备较强的独立工作能力；有尊敬师长，良好的、团结向上的班风和学风，有新意的班级文化建设，无严重违纪事件。

（3）学习气氛浓，学习目的端正，班级各科成绩有显著进步和提高。

（4）在行规评比中得高分，学生整体素质好。

（5）发展学生个性，积极开展文体活动，班级学生体锻合格率达95%以上。

（二）个人

（1）三好学生：热爱祖国，关心时政，关心集体和他人，积极参加全校组织的各项活动，模范遵守校纪校规，能自觉抵制和批评不良的道德和行为；尊敬师长，爱护公物，生活节俭，助人为乐，热爱劳动，学习刻苦，并自觉培养综合运用知识的创新意识和能力；学习成绩有显著进步和提高，体锻达标；在学校教育活动、班级文化建设等方面表现突出，养成了优秀的学习习惯和行为习惯。

（2）优秀团干部：除上述条件以外，遵守团的章程，担任校团委或班级团支部委员职务以上的团干部，在各级团的活动中表现突出的先进个人。

（3）优秀团员：遵守团的章程，积极参加团的各项活动，模范遵守校纪校规，能自觉抵制和批评不良的道德和行为，尊敬师长，爱护公物，生活节俭，助人为乐，热爱劳动，学习刻苦，并自觉培养综合运用知识的创新意识和能力，在同学中有一定带头模范作用的团员。

（4）三好表扬生：要求略低于三好生，或在德、智、体美等某一方面特别突出者。

（5）显著进步生：在思想品德或在学业等方面比过去有了显著的进步。

（6）校园之星：根据学生在德、智、体、美、劳各方面的表现评选"校园之星"；并结合学校开展的各项主题活动，评选出表现突出、能发挥其表率作用、

师生认可的同学。（具体评选条件另附）

二、评选办法：

（一）集体：

班级申报，年级根据评选标准和参考政教处的行规评比得分、教务处的各科学习总分，进行综合评选推荐，报政教处审核，学校批准，张榜公布。

（二）个人：

班级评选推荐，年级审核，报政教处审定，学校批准张榜公布。

（二）学生业余党校及推优入党

一、指导思想

以马列主义、毛泽东思想、邓小平理论、"三个代表"重要思想为理论指导，贯彻落实科学发展观，加强对要求进步、积极向党组织靠拢的学生团员进行教育，加深其对党的性质、纲领、基本路线、方针、政策等的认识与理解，引导他们巩固确立为建设有中国特色社会主义而奋斗的政治方向，壮大学生政治骨干队伍，为党组织输送新鲜血液做好思想上、组织上准备。

二、组织设置

1.党校在党支部指导和领导下，依托团委建立和管理。团委具体负责日常工作，任课教师由党员干部和优秀党员教师等担任。

2.党校下设三个小组（高一、高二、高三）。每小组由党支部安排一名党员担任指导老师。

三、学员选拔

1.基本条件

（1）品学兼优的团员。

（2）递交了入党申请书的团员。

（3）要求参加学生党校学习，积极向党组织靠拢的积极分子。

2.选拔程序

（1）个人申请。（2）班主任推荐。（3）年级组同意。（4）校团委审批。

四、组织管理

1.根据党校章程，建立学员档案。

2. 定期学习考核。培训结束后,对鉴定合格的学员颁发结业证书。

3. 完善班组建制,成立临时团支部,指定辅导员。

4. 严格规章制度,如学员推荐制度、考勤制度、考核制度。

5. 学员离校时,将学员档案移交相关单位的党组织,由其接收单位继续考察。

五、学习内容

1. 学习马列主义、毛泽东思想、邓小平理论、"三个代表"、科学发展观等重要思想,树立科学的世界观和方法论,提高运用马列主义的立场、观点、方法观察和分析问题的能力。

2. 进行党的基础知识和入党动机教育。通过学习《中国共产党章程》、《中国共产党历史》等,理解党的性质、指导思想、宗旨、组织原则、纪律和党员标准,提高政治觉悟。

3. 加强党的基本路线、方针、政策和国内外形势教育,促进学员坚持四项基本原则,坚信党的领导,坚定社会主义信念。

4. 加强理想和成才教育,引导学员把自己的理想、奋斗愿望同党和国家的需要结合起来,把坚定正确的政治方向同优秀的学业结合起来,使其德、智、体诸方面全面发展。

六、学习要求

1. 学习方式以专题讲座为主,自主学习为辅,适当组织社会实践、参观考察等活动。

2. 遵守制度,认真学习,注意听讲,积极发言,做好笔记,完成作业。

3. 严格考勤,因故缺席需请假,缺勤两次或两次以上者不予结业。

七、考核办法

1. 考核等第:优、良、及格、不及格。

2. 考核项目:出勤率、理论学习、平时作业、教师评定、学生评定五方面。

3. 对表现特别突出的学生,向党组织推荐为入党重点培养对象。

(三) 学生违纪处罚条例

第一条　为了教育学生,增强学生的法纪意识;为了严肃学校纪律,培养学生良好的行为习惯;为了加强学校管理,维护学校正常的教学生活秩序;为了优化学校育人环境,创建和谐校园;上海大学市北附属中学依据上级的有关法规精神和《中学生日常行为规范》,根据学校的具体实际,特制定本条例。

第二条　本条例适用于违反学校纪律的学生。

第三条　对严重违反纪律学生的处分等级分别为:警告、严重警告、记过、留校察看、开除学籍。

第四条　对严重违反纪律学生的处分,根据学生违纪的情节、影响和认识态度,先由年级讨论提出处分意见,再由行政会议讨论做出处分决定,然后由学生发展中心把处分材料载入学生档案,并把处分决定通知家长,在全校公布。

第五条　有下列行为的学生,属于严重违纪,视情节轻重给予处分:

1. 一学期内迟到累计达 20 次的,给予警告处分;累计达 30 次以上的,给予严重警告处分。

2. 一学期内无故旷课累计达 8 节课的,给予警告处分;累计达 16 节课的,给予严重警告处分。

3. 考试作弊的,视情节严重,给予警告或严重警告处分;第二次作弊,给予严重警告以上处分。

4. 仪容仪表不符合《中学生日常行为规范》(如佩戴首饰、留怪发型、染发、披头散发),经教育后仍不改正的,给予警告处分;再次告知后仍不改正的,给予严重警告以上处分。

5. 故意损坏公物的,视情节轻重给予警告或严重警告处分。

6. 顶撞老师,视责任及情节轻重给予警告以上处分。

7. 男女同学交往有不当行为的,给予警告处分;屡教不改,视情节轻重及影响给予严重警告,记过、留校察看或开除学籍处分。

8. 包庇、开脱严重违纪学生的,视情节严重,给予警告或严重警告处分。

9. 在学校及集体活动时吸烟、喝酒的,给予警告处分;屡教不改的,给予严重警告或记过处分。

10. 因行为不当,造成火灾等事故的,视情节轻重给予严重警告以上处分。

11. 在校有赌博行为的,视情节轻重给予警告以上处分。

12. 敲诈、勒索、抢劫、骗取他人财物的,视情节轻重给予严重警告以上处分。

13. 观看、传播色情书刊、光盘、录像、网站内容的,视情节轻重给予严重警告以上处分。

14. 打架斗殴的,视责任及情节轻重给予警告以上处分。造成恶劣影响或伤害事故的,视责任及情节轻重给予留校察看或开除学籍处分。

15. 参与非法组织活动或组织、煽动闹事的,视情节轻重给予留校察看或开除学籍处分。

16. 吸毒贩毒的,给予开除学籍处分。

17. 在课堂或校园内使用手机者,一经发现视情节严重给予不同程度的处分。

第六条　严重违反纪律,违纪行为不在第五条各种现象之内的,视情节轻重给予适当的处分。

第七条　对于严重违反纪律的学生,学校坚持"教育为主,惩处为辅"的原则。对于违反纪律应当受到处分,行为人能够主动说清事实、承认错误、认识深刻的,学校可以从轻处分或免予处分;对于欺骗学校、态度恶劣、屡教不改的,学校可以从重或加重处分。

第八条　被处分的学生,一学期后视表现情况可申请撤销处分;撤销处分由本人向学生处提出书面申请,经过年级讨论同意,学校行政会议讨论决定,然后通报家长,并在全校公布。学生被撤销处分后,其处分材料不再载入学生档案。

第九条　被处分的学生在未撤销处分前,如果再次违纪,学校要加重处分。

第十条　借读生严重违反校纪校规的,退回原学籍学校。

第十一条　本条例解释权属上海大学市北附属中学。

参考文献

［1］Willard W. Waller，*Sociology of Teaching*，New York：John Wiley，1932.

［2］Adrian Bell，Allan Sigsworth，*The Small Rural Primary School：A Matter of Quality*，UK：The Falmer Press，The Falmer House，1987.

［3］瞿葆奎主编、陆亚松、李一平选编：《教育学文集·课程与教材》，人民教育出版社 1988 年版。

［4］E. H. Schein 著，仇海清译：《职业的有效管理》，三联书店 1992 年版。

［5］余国良：《学校文化新论》，湖南教育出版社 1999 年版。

［6］郑金洲：《教育社会学》，人民教育出版社 2000 年版。

［7］孙鹤娟：《学校文化管理》，教育科学出版社 2004 年版。

［8］陶然：《学校文化管理新思维》，中国人事出版社 2005 年版。

［9］郭继东：《学校人力资源管理》，天津教育出版社 2006 年版。

［10］陈永明、葛大汇：《象山教育管理学》，华东师范大学出版社 2006 年版。

［11］维吉尼亚·萨提亚 简·伯格、玛丽亚·葛莫利著，聂晶译：《萨提亚家庭治疗模式》，世界图书出版公司北京公司 2007 年版。

［12］费孝通：《费孝通论文化与文化自觉》，群言出版社 2007 年版。

［13］格雷戈里·哈德利编：《教师行动研究案例》，人民教育出版社 2007 年版。

［14］黄旭、张文质：《格言、校训和学校文化》，福建教育出版社 2008 年版。

［15］吴志宏、冯大鸣、魏志春：《新编教育管理学（第 2 版）》，华东师范大学出版社 2008 年版。

［16］郏庭瑾：《教育管理伦理研究》，商务印书馆 2008 年版。

［17］黄崴：《教育管理学》，中国人民大学出版社 2009 年版。

［18］周三多、陈传明、鲁明泓：《管理学——原理与方法（第 5 版）》，复旦大学出版社 2009 年版。

［19］熊川武、江玲：《学校管理心理学（第 2 版）》，华东师范大学出版社 2011 年版。

［20］陈侠：《课程研究引论》，《课程·教材·教法》1981 年第 3 期。

［21］魏志春：《中小学管理权力的属性及制约》，《教学与管理》2000 年第 7 期。

［22］钟启泉：《知识社会与学校文化的重塑》，《教育发展研究》2002 年第 1 期。

［23］刘旭东：《学校文化重建论》，《西北师大学报（社会科学版）》2004 年第 5 期。

［24］蒋文宁：《文化管理：学校管理新理念探析》，《教学与管理（理论版）》2006 年第 11 期。

［25］王玉玲：《论学校文化的有效管理》，《河南大学学报（社会科学版）》2007 年第 2 期。

［26］郏庭瑾：《从管理伦理看学校文化重建》，《河南大学学报（社会科学版）》2007 年第 2 期。

［27］徐吉志：《用仪式塑造学校文化》，《教学与管理》2007 年第 2 期。

［28］康望栋：《文化管理：学校管理的新走向》，《天津教育》2007 年第 8 期。

［29］张志敏：《提升"格致文化"品质，创新现代学校文化》，《中国教育学刊》2008 年第 2 期。

[30]王铁军:《学校文化管理的理性诠释与实践思考》,《江苏教育学院学报(社会科学版)》2008 年第 3 期。

[31]祝瑞松:《文化管理:高品质管理的重要特征》,《上海教育科研》2008 年第 7 期。

[32]刘岸英:《学校文化优化与重建的策略》,《教育探索》2008 年第 12 期。

[33]张宝贵、翟艳:《校本教研的学校文化视阈》,《教育发展研究》2008 年第 12 期。

[34]曹日升:《校训,校园文化的灵魂》,《教书育人:校长参考》2008 年第 29 期。

[35]肖强、马云鹏:《优质学校文化管理的实践与探索——基于 D 中学的个案研究》,《教育科学研究》2009 年第 2 期。

[36]严璟:《我国学校文化管理综述》,《教育教学研究》2009 年第 5 期。

[37]崔亚兰:《从文化墙看北京汇文中学校园文化建设》,《中国现代教育装备》2009 年第 10 期。

[38]郅庭瑾:《我国学校管理伦理研究述评》,《教书育人》2009 年第 18 期。

[39]郅庭瑾:《中国传统文化下的伦理型学校管理及其现实影响》2009 年第 20 期。

[40]胡东芳:《从"学校保姆"到"学校领袖"——论校长的领袖思维及其养成》,《教育科学研究》2010 年第 4 期。

[41]王志江、李真:《学校文化管理实践研究》,《管理探索与实践》2010 年第 4 期。

[42]王骞:《学校文化及其建设路径分析》,《继续教育研究》2010 年第 7 期。

[43]蔡定勇:《打造绿色校园 探寻生命美景——重庆市巫山县南峰小学"绿色校园文化"特色建设》,《教书育人:校长参考》2010 年第 9 期。

[44]郭雯:《浅谈学生文化》,《科教导刊》2010 年第 13 期。

［45］杜红芳:《校园文化形态中的隐形德育课程建设》,《教学与管理》2010 年第 21 期。

［46］班建武:《学校文化现状诊断及改进路径》,《中国教育学刊》2011 年第 2 期。

［47］郭继东、曹燕玲:《教育人力资源管理的历史演变及未来走向》,《上海教育科研》2011 年第 2 期。

［48］杨越琰:《百年老校文化管理的意义、途径及方法——以广州市南武中学为例》,《教育导刊》2011 年第 7 期。

［49］郭继东:《试论教师工作团队的建设》,《中小学校长》2011 年第 9 期。

［50］葛大汇:《学校学习的真实环境:课程与文化》,《现代教学》2011 年第 10 期。

［51］葛大汇:《"绩效"背景下的教师隐性或道德行为评价》,《教育测量与评价(理论版)》2011 年第 6 期。

［52］葛大汇:《今天,我们该如何评价教师》,《教育测量与评价(理论版)》2012 年第 6 期。

［53］陈芬:《教师培养中的个体内差异评价策略和实践》,《现代教学》2012 年第 12 期。

后　记

　　进入新世纪,伴随着基础教育课程改革的大力推进和素质教育的实施,中小学教育改革创造了教育发展史上有一个奇迹。在新的教育理念和管理理念的影响下,中小学教育管理逐步迈向更高要求的文化管理,中小学校园文化呈现出勃勃生机,不仅发挥了良好的育人功能,起到了文化"化"人的作用,而且成为我国基础教育课程改革和素质教育顺利实施的一个重要组成部分。中小学教育管理从本质上说是文化的管理,因此,学校文化变革的研究是基础教育课程改革在管理实践中的具体表现,代表着当前教育管理改革的新方向。

　　我在 UN 中学做校长,校园文化建设是我对学校进行变革的一项重要工作。我深切体会到,UN 中学文化变革是一种极具意义的一项事业;我也一直有一种心愿,对这种基于实践考察的学校文化变革作一番系统化的解读,把学校优秀文化建构的经验与大家分享。"让优秀成为一种习惯"办学理念的亲身实践、倾情投入和系统总结,给了我莫大的鼓舞和信心!

　　本书正是在分析了"让优秀成为一种习惯"办学理念现实可行性的基础上,提出要在学校文化变革中引入文化变革的观点,并在文中就文化管理的基本概念、理论基础、主要观点进行了较为详细的论述。同时,结合 UN 中学学校管理的实际,运用学校文化建设理论,对学校文化变革问题进行了探讨。

　　由于本人学识水平的限制,难免存在错误疏漏之处,敬请读者谅解;在本书的编写过程中参阅了大量文献资料,也尽可能在脚注和书后的参考文献中予以注明，但仍有可能出现遗漏，在此一并恳请谅解。

在本书撰写的过程中，得到了我的导师郅庭瑾、葛大汇、王志刚等多位专家学者的悉心指导、热情帮助，在感谢感恩的同时，更加感动于导师们严谨的治学态度、专业的求真精神和敬业的工作作风，这些都将成为我校长生涯追逐的目标、学习的楷模。还要感谢与我并肩战斗的行政班子和我的同事们，文中所有案例都来源于我们这个团队的经历，他们对"让优秀成为一种习惯"办学理念的亲身实践、倾情投入，给了我莫大的鼓舞和信心！正是在集体智慧的帮助下，我能够大胆改革，勇于探索，推动学校不断向前发展。

当然，对学校文化变革的考察只能算作是一个开端。随着今后实践的推动、理论的发展、理念的创新以及认识的深化，相信自己对这方面的反思也会不断地得以完善。

陈　芬

2015 年 10 月

责任编辑:马长虹

封面设计:徐　晖

图书在版编目(CIP)数据

学校文化变革的实践研究/陈芬 著.—北京:人民出版社,2016.8

ISBN 978-7-01-016227-0

Ⅰ.①学…　Ⅱ.①陈…　Ⅲ.①校园文化-研究　Ⅳ.①G47

中国版本图书馆 CIP 数据核字(2016)第 109885 号

学校文化变革的实践研究

XUEXIAO WENHUA BIANGE DE SHIJIAN YANJIU

——以上海大学市北附属中学为例

陈　芬　著

人 民 出 版 社 出版发行

(100706　北京市东城区隆福寺街 99 号)

北京汇林印务有限公司印刷　新华书店经销

2016 年 8 月第 1 版　2016 年 8 月北京第 1 次印刷

开本:710 毫米×1000 毫米 1/16　印张:14.75

字数:240 千字　印数:0,001-3,000 册

ISBN 978-7-01-016227-0　定价:48.00 元

邮购地址 100706　北京市东城区隆福寺街 99 号

人民东方图书销售中心　电话 (010)65250042　65289539